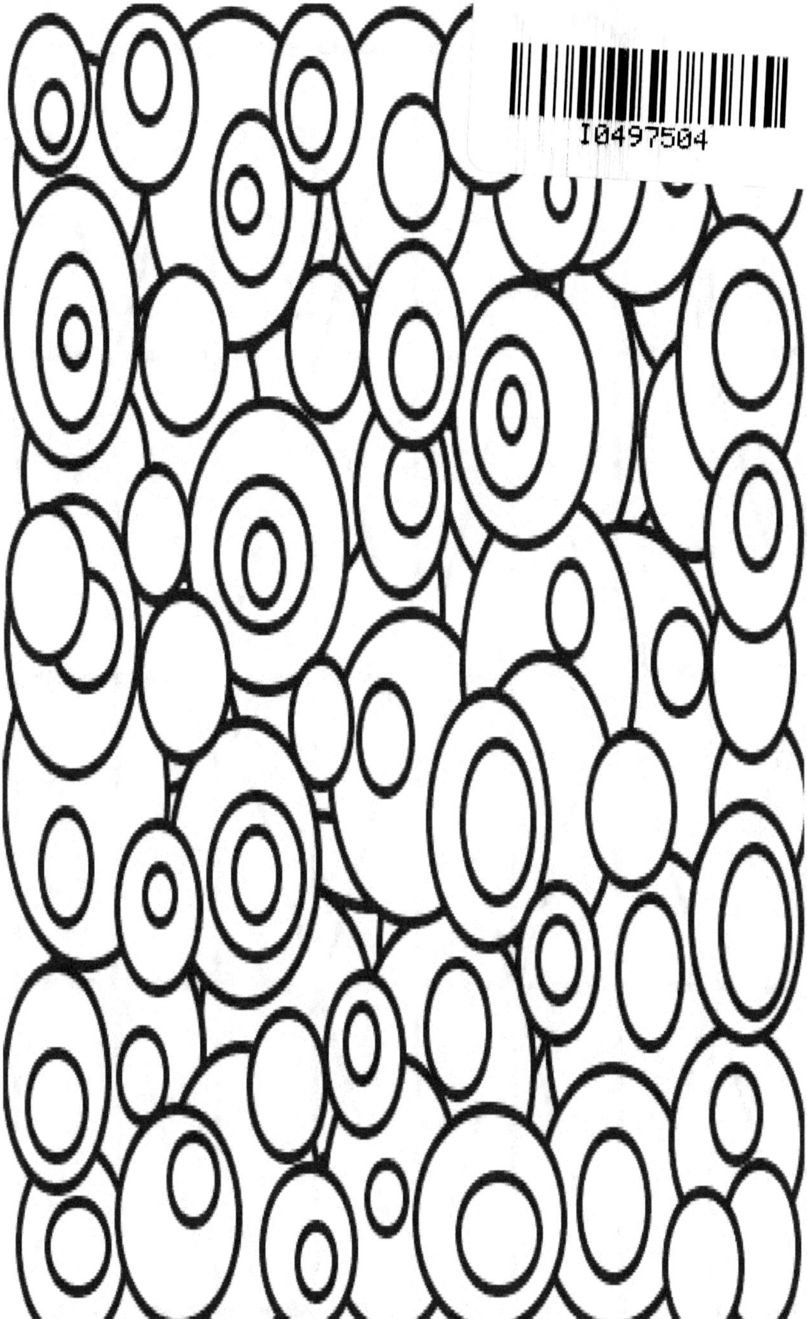

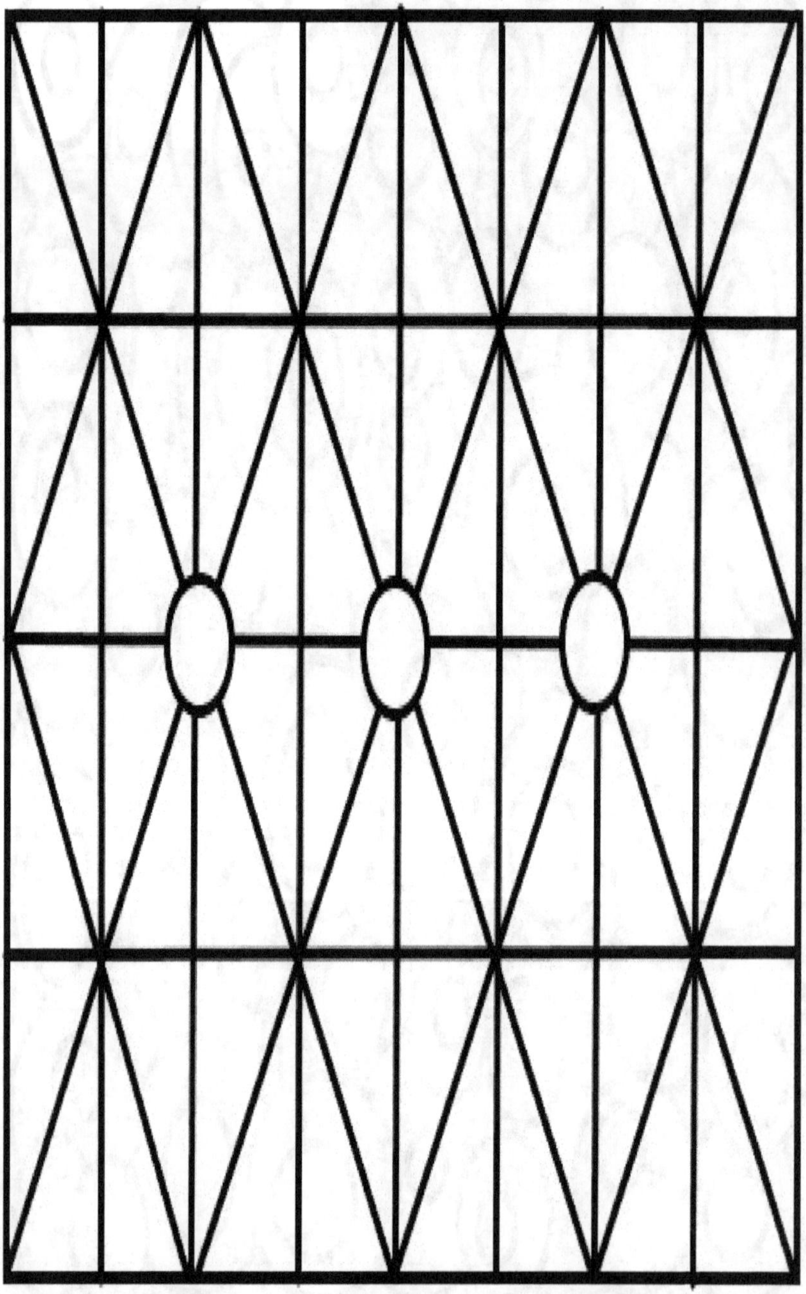

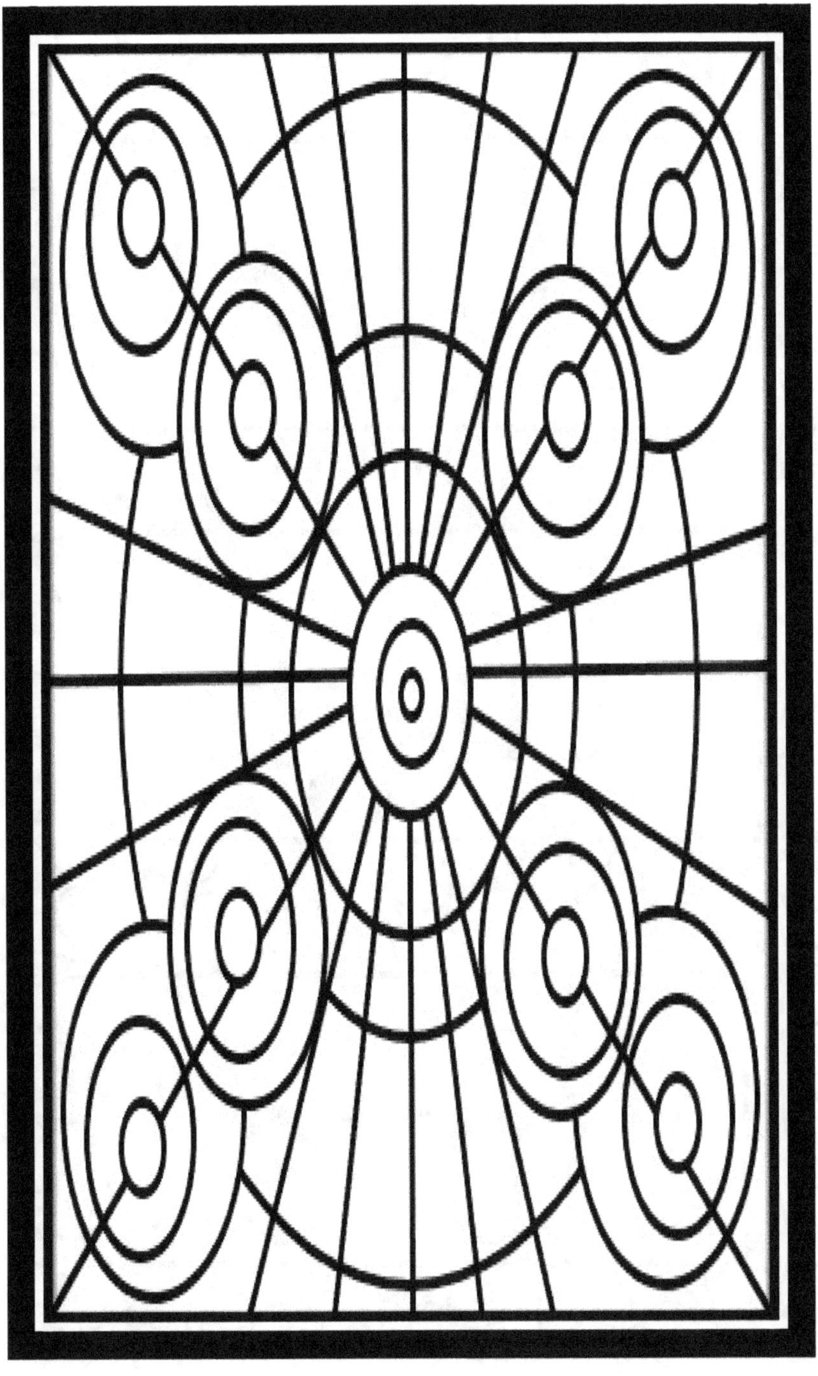

live

laugh

love

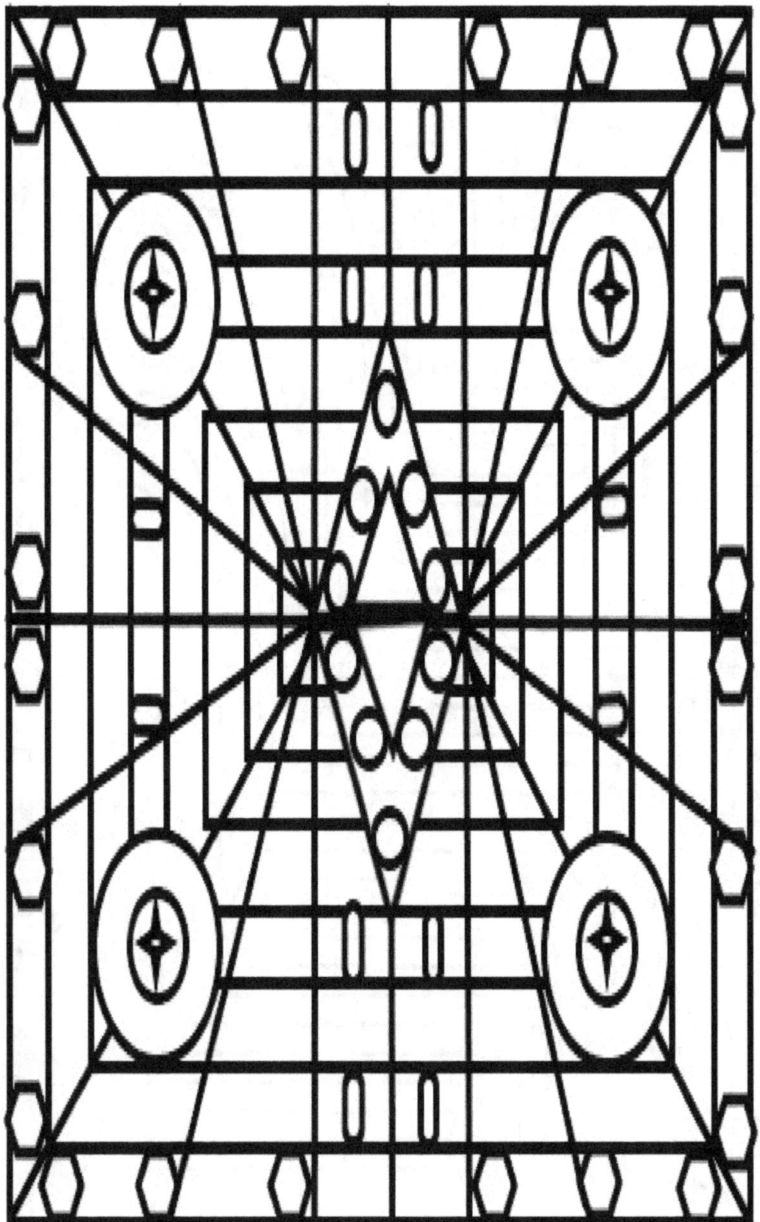

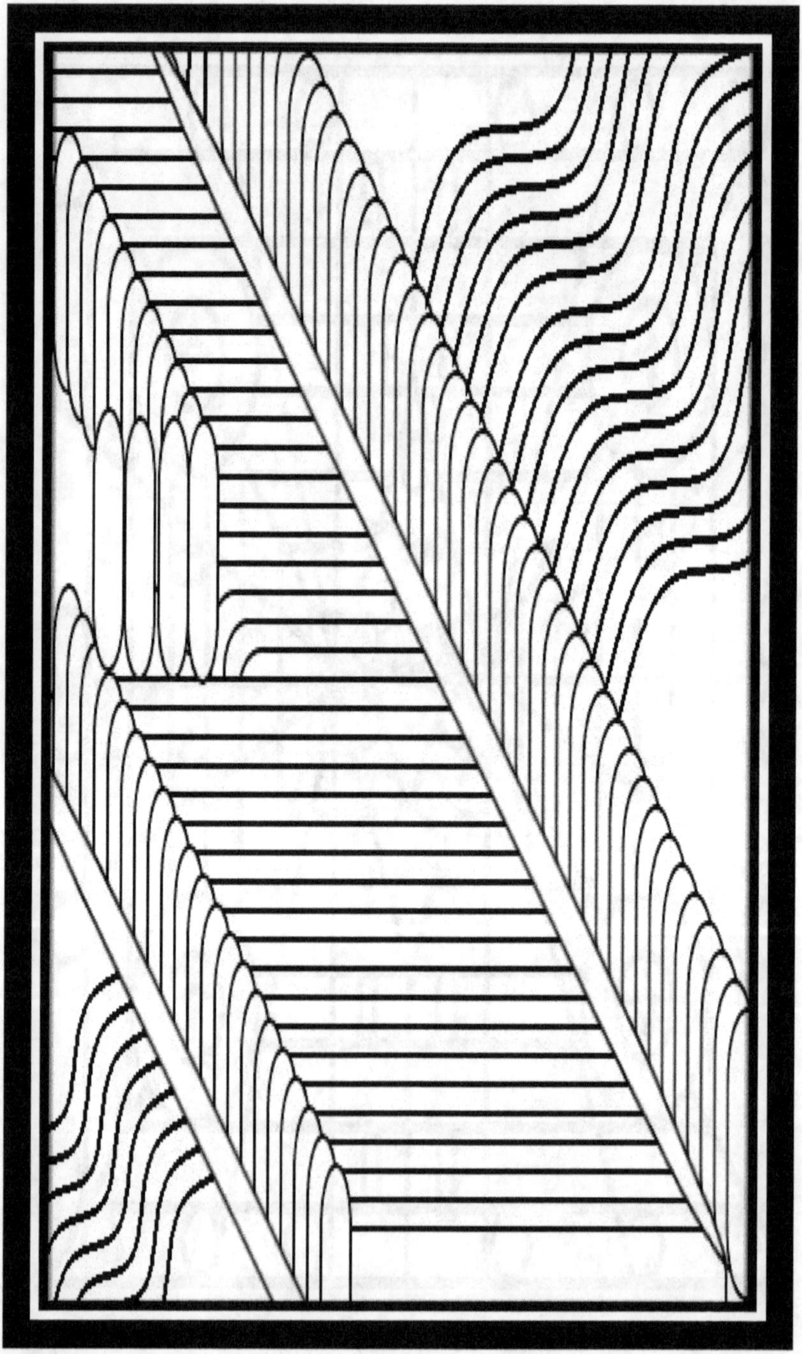

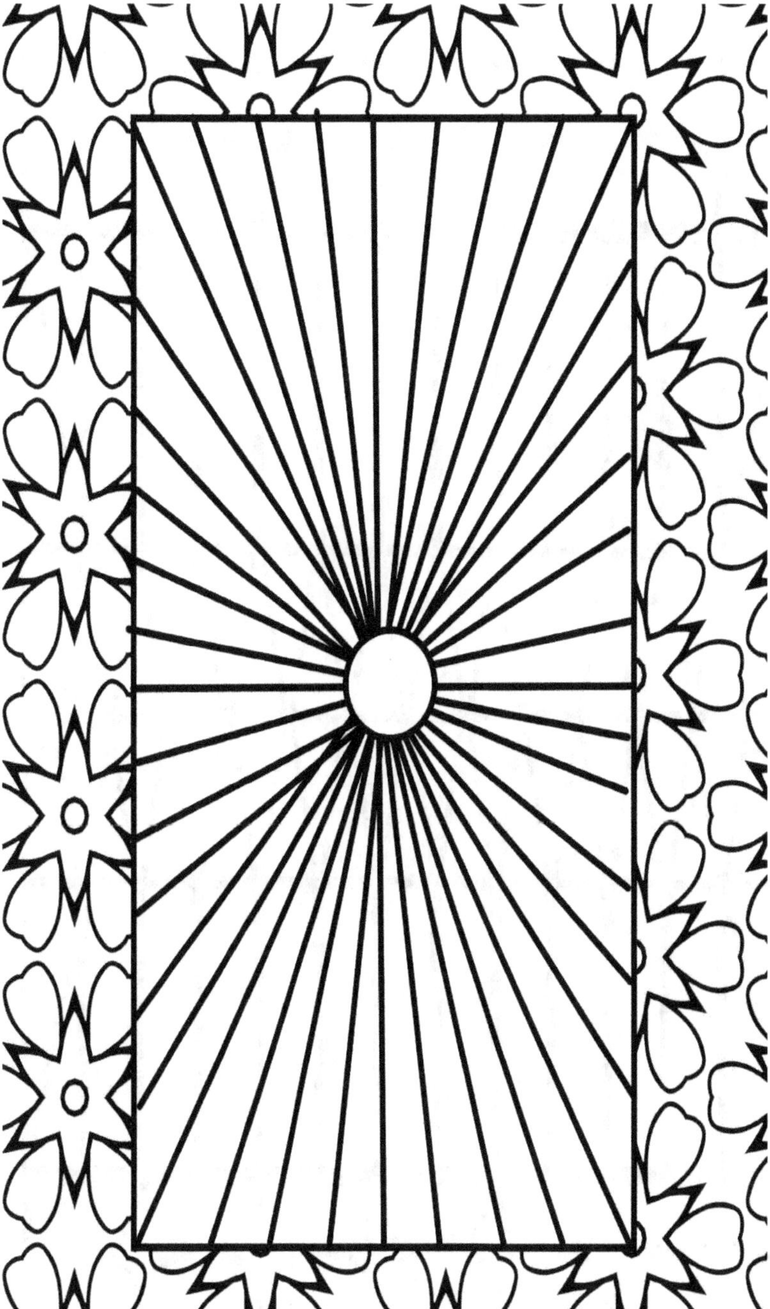

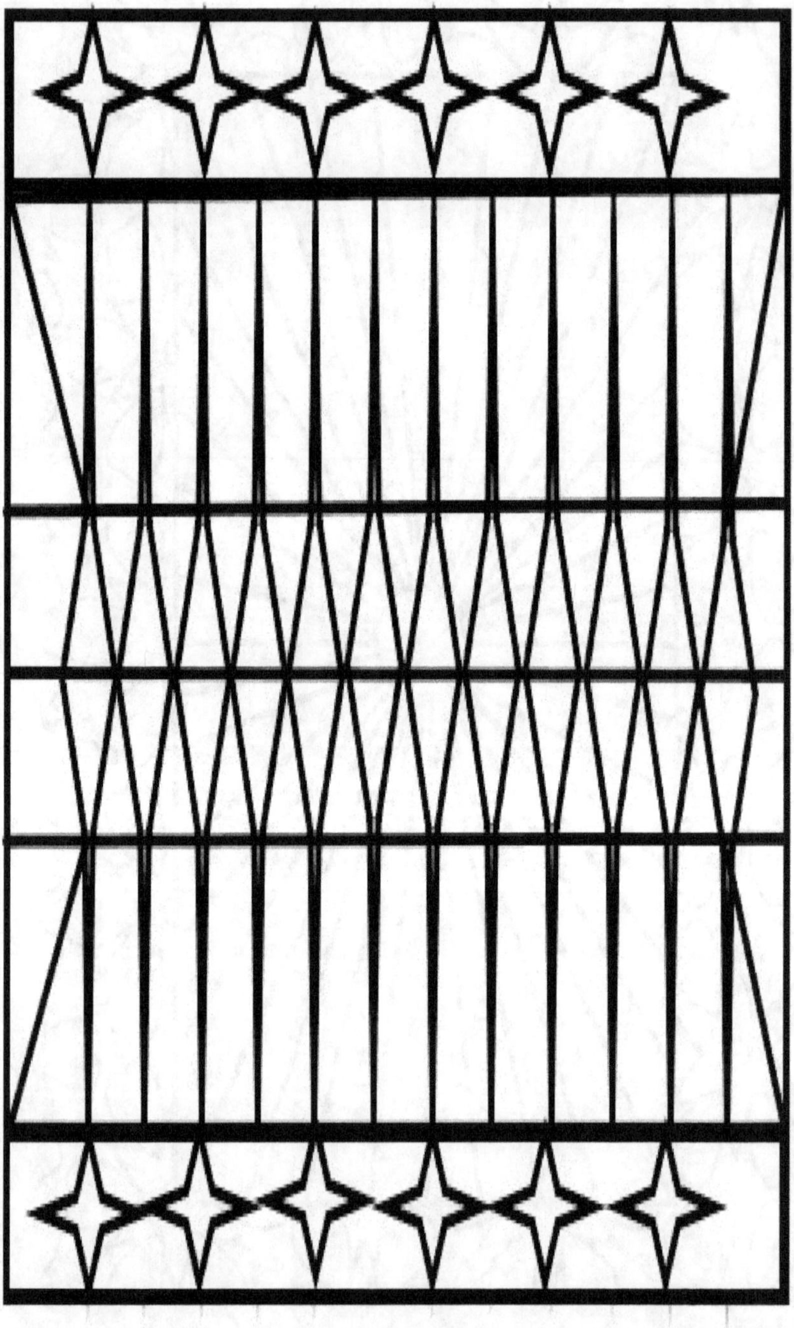

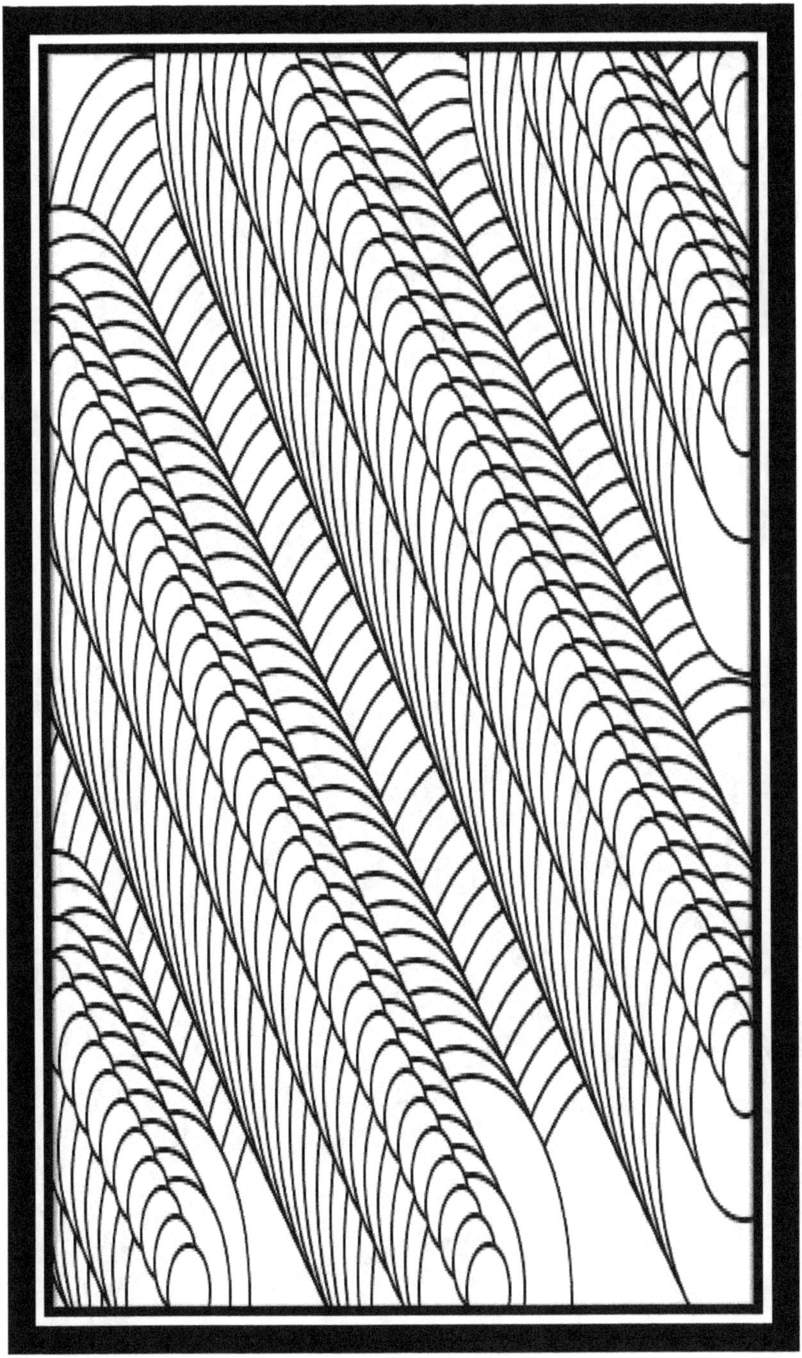

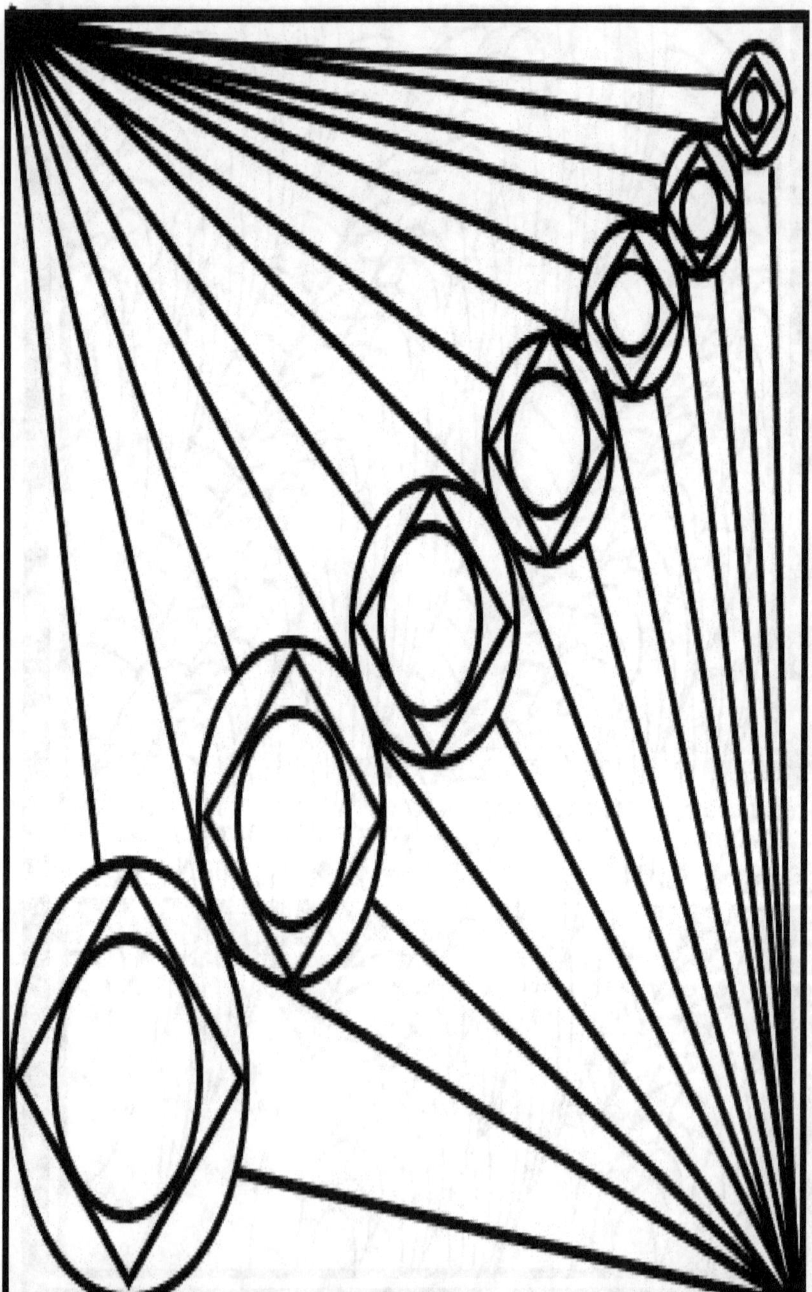

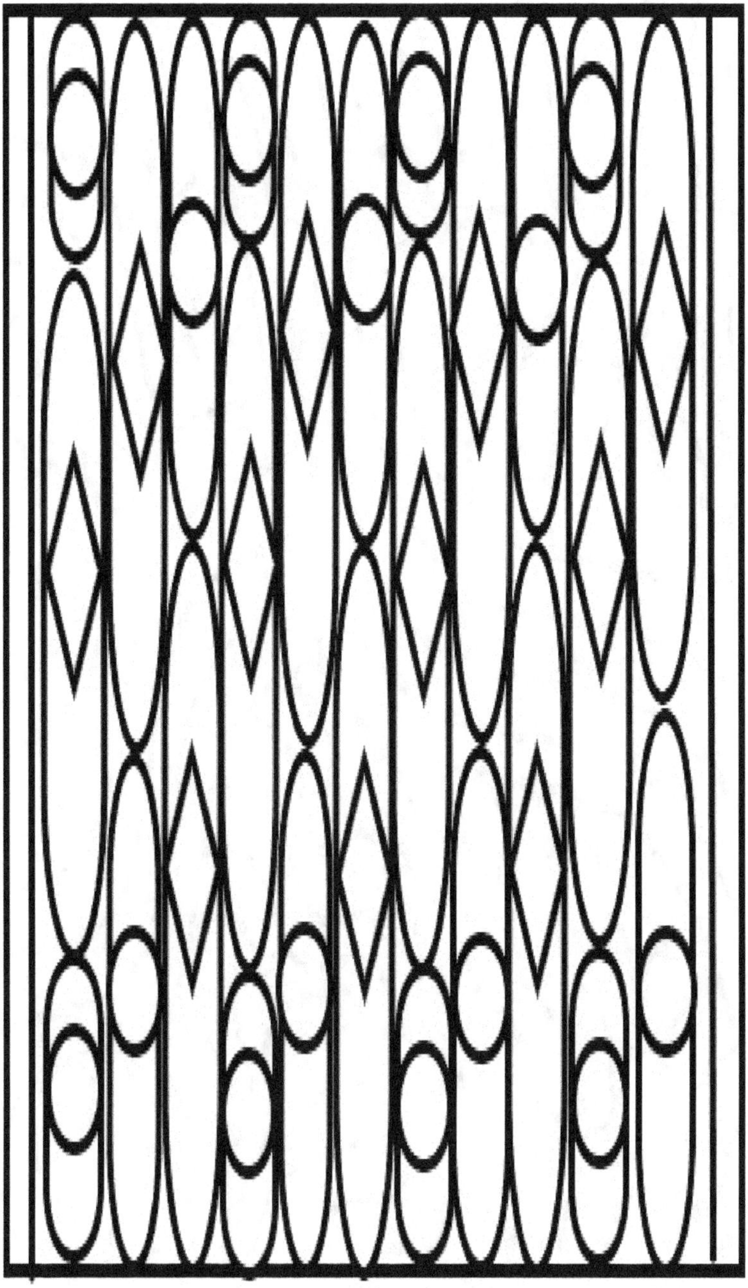

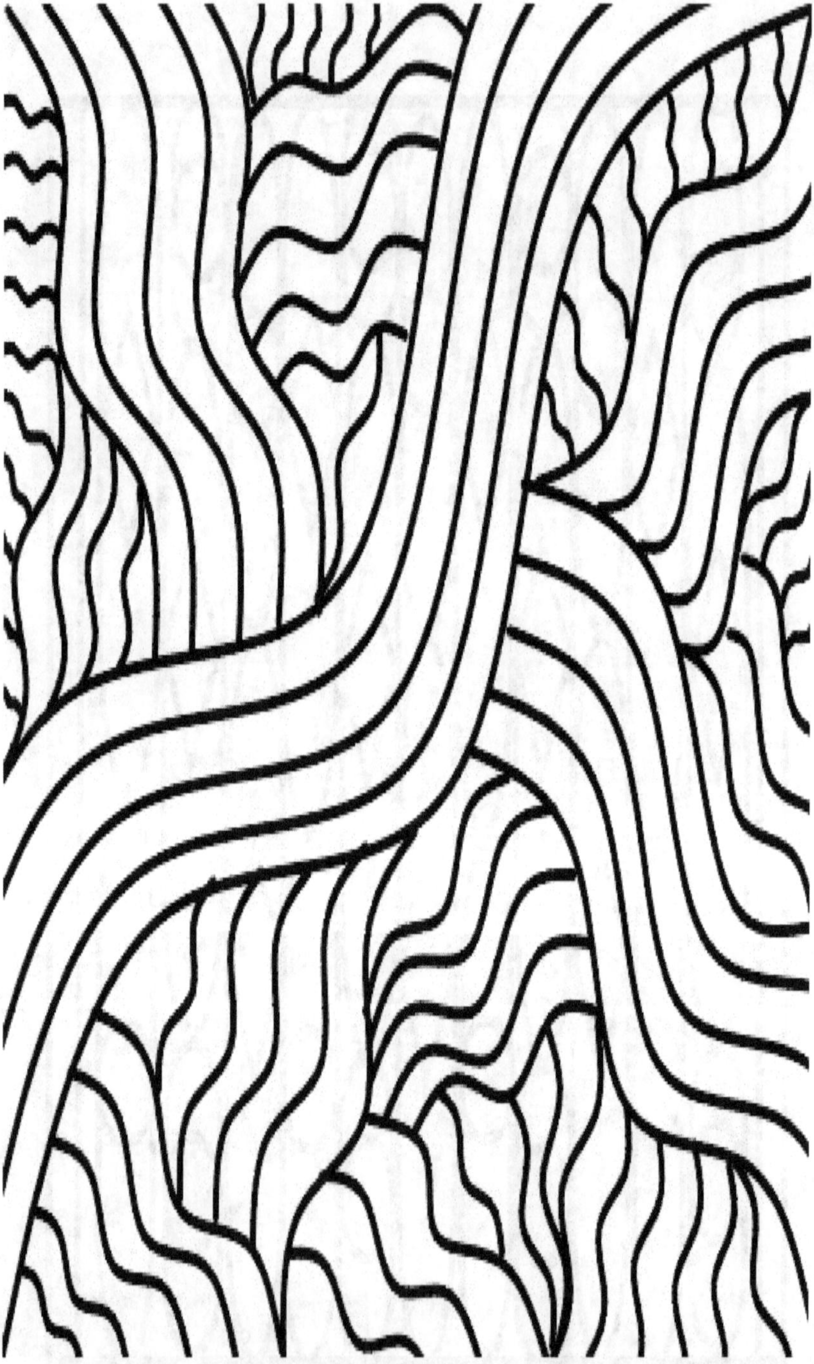

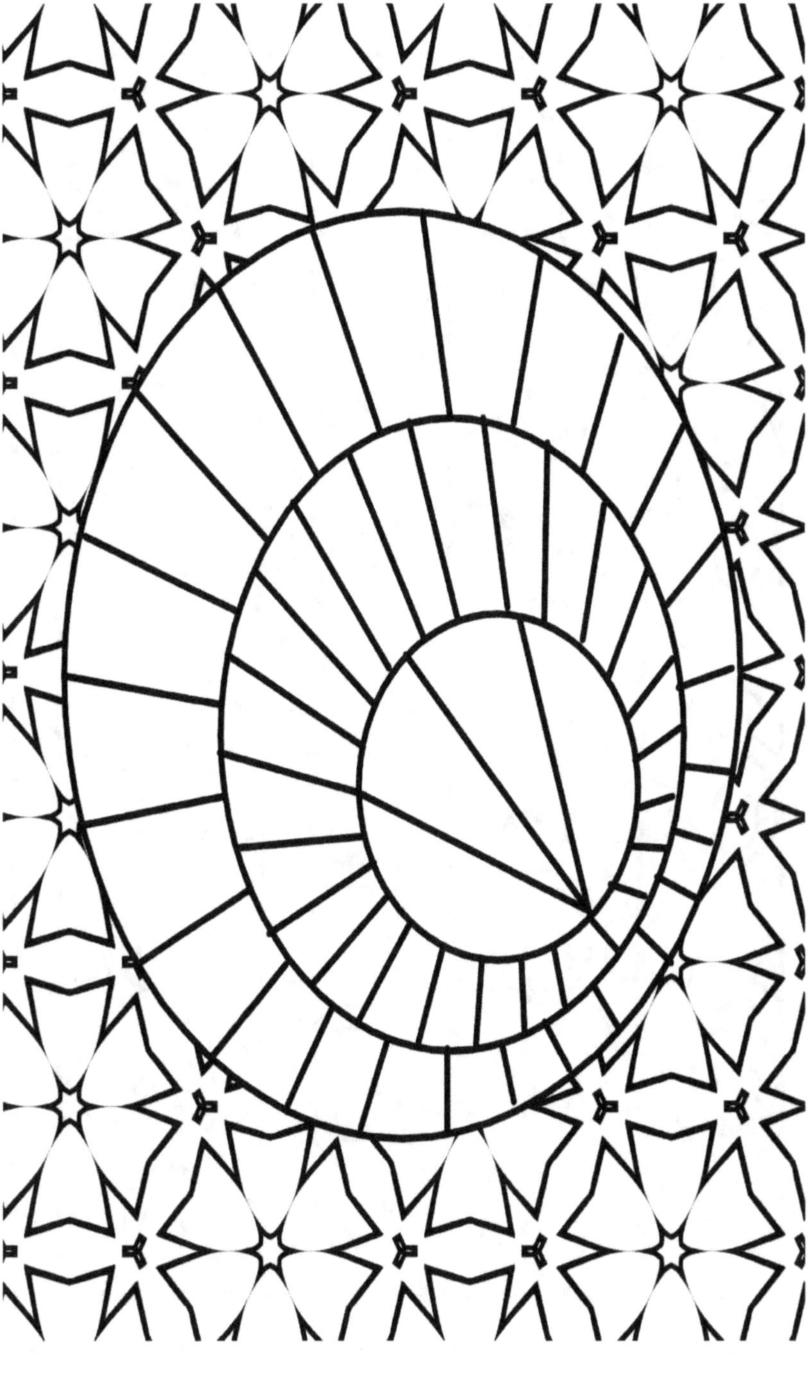

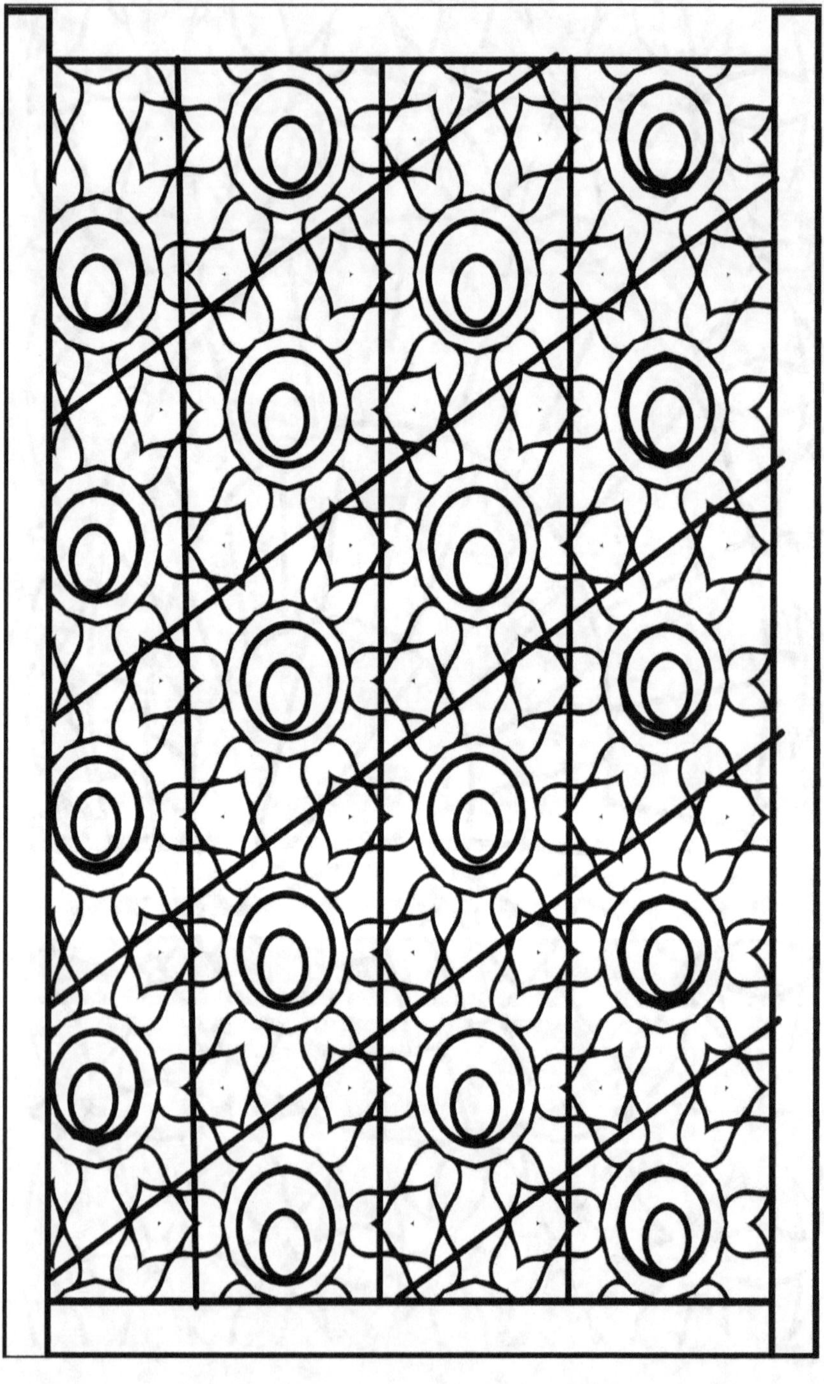

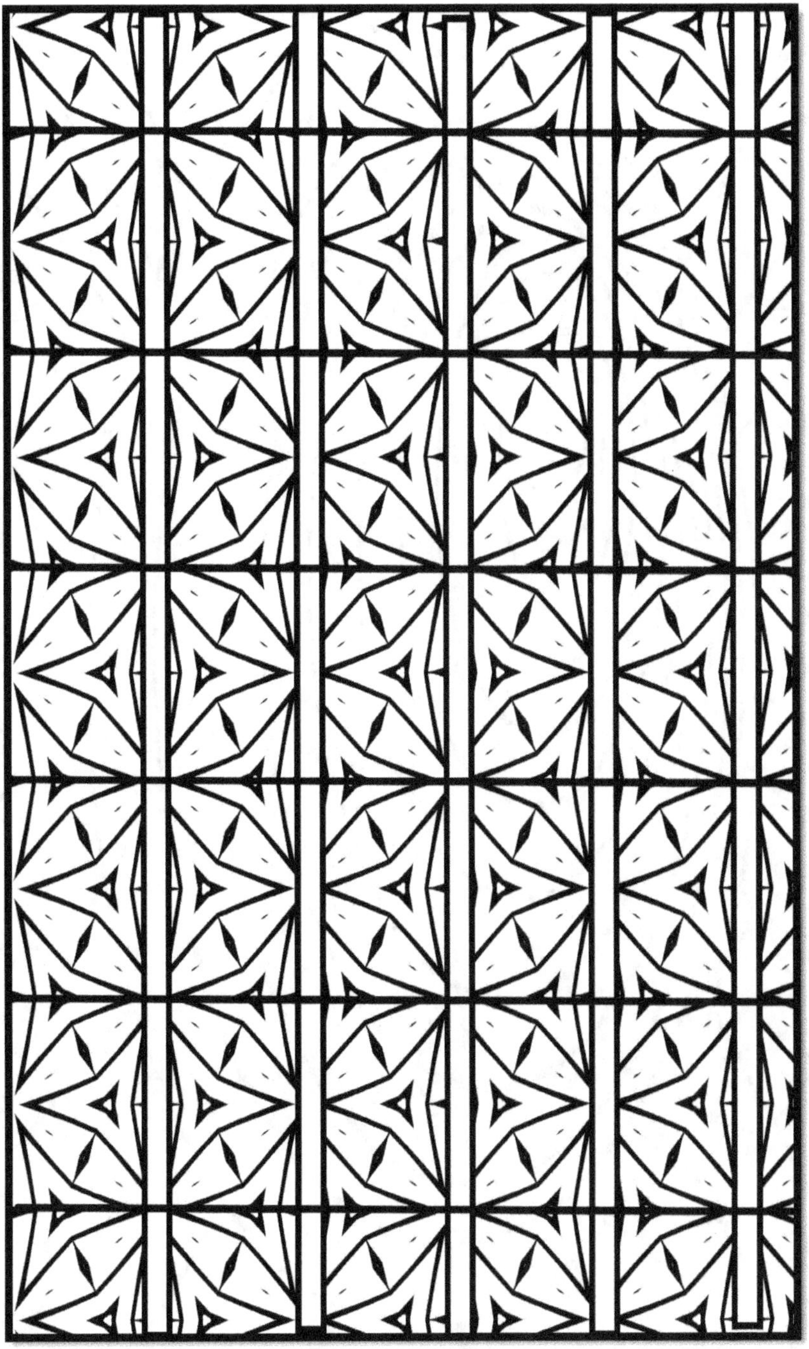

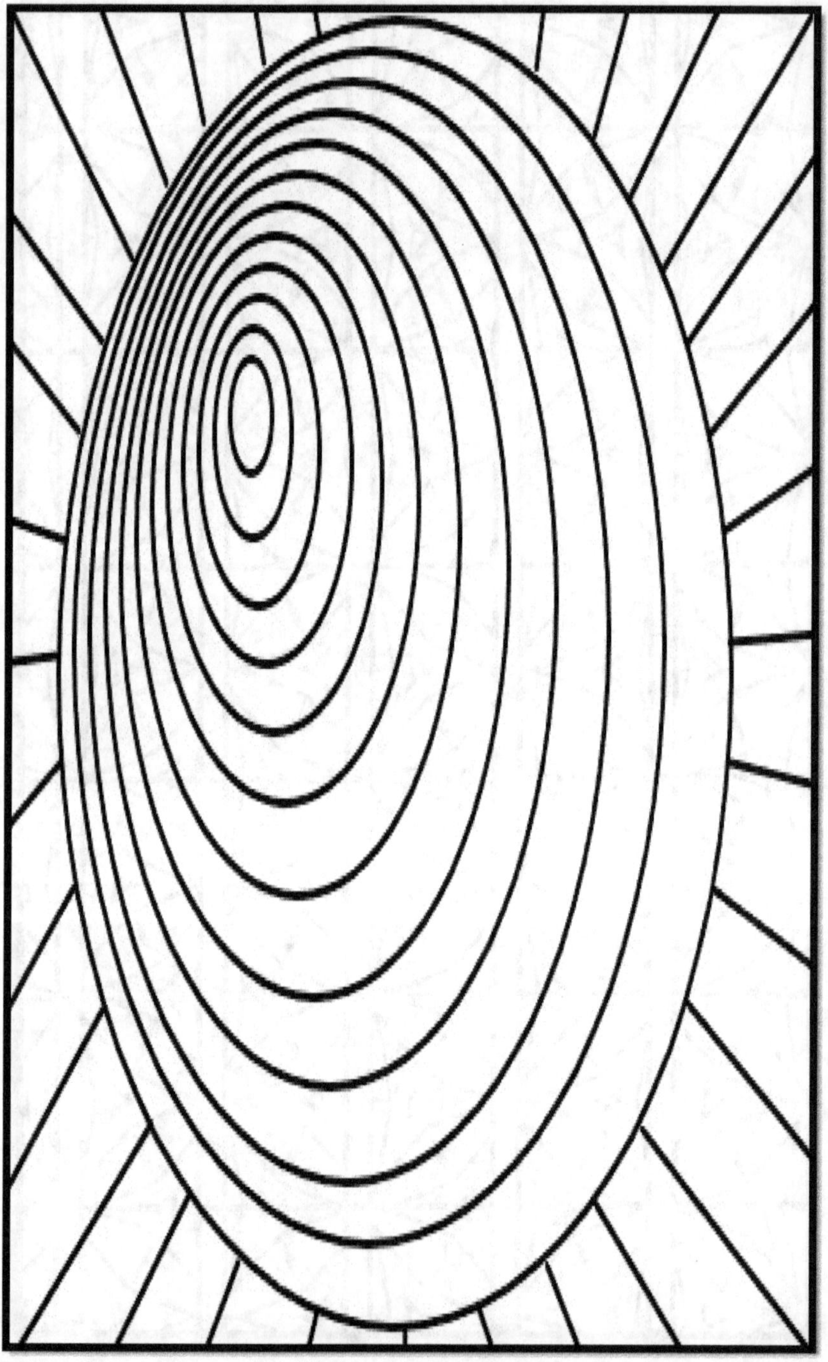

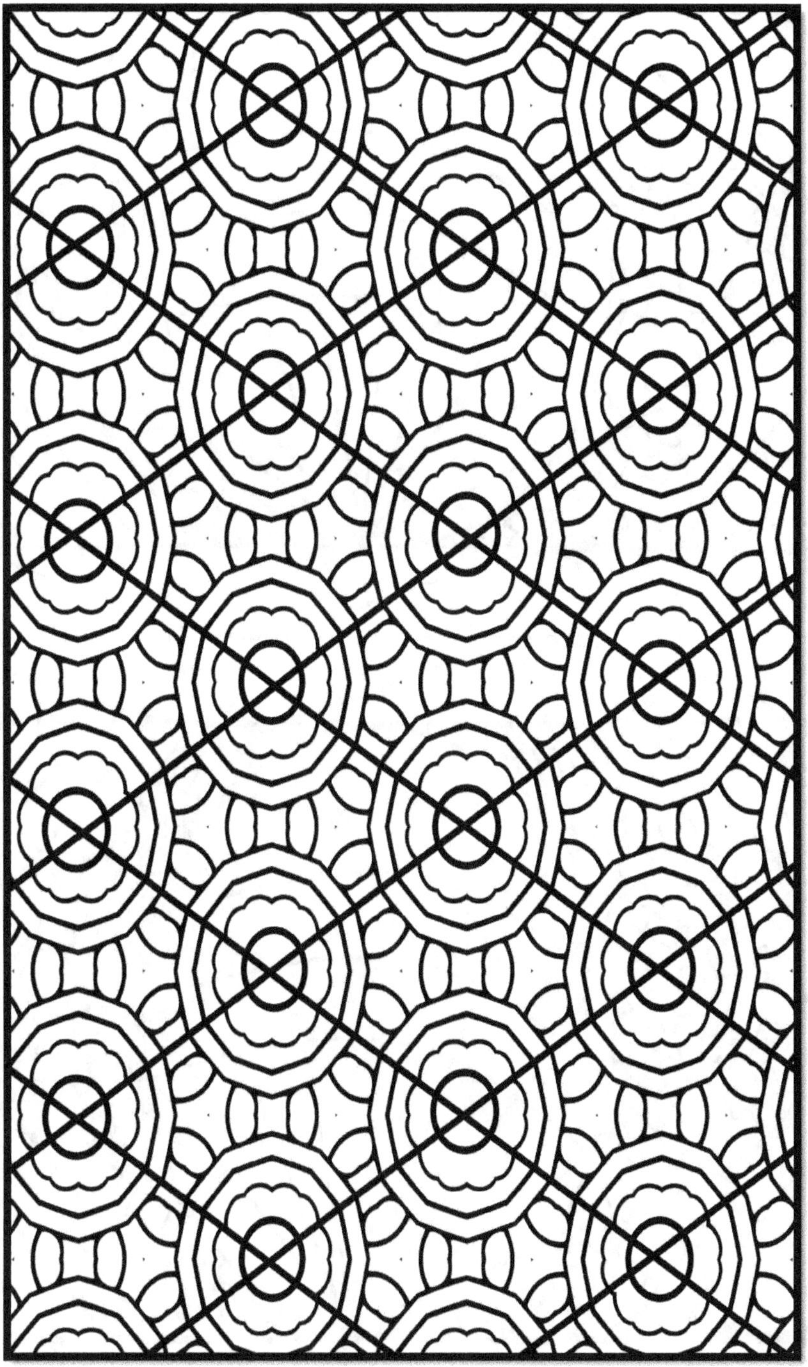

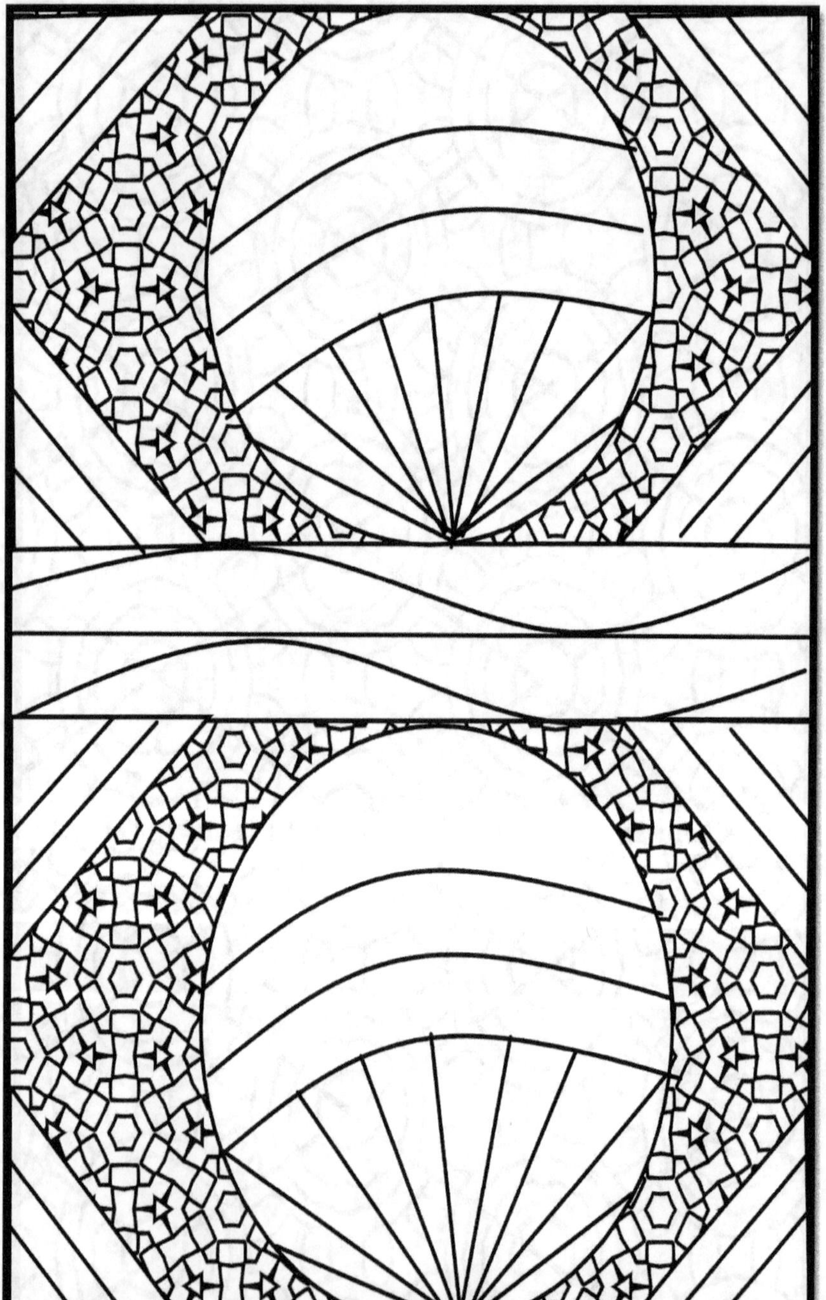

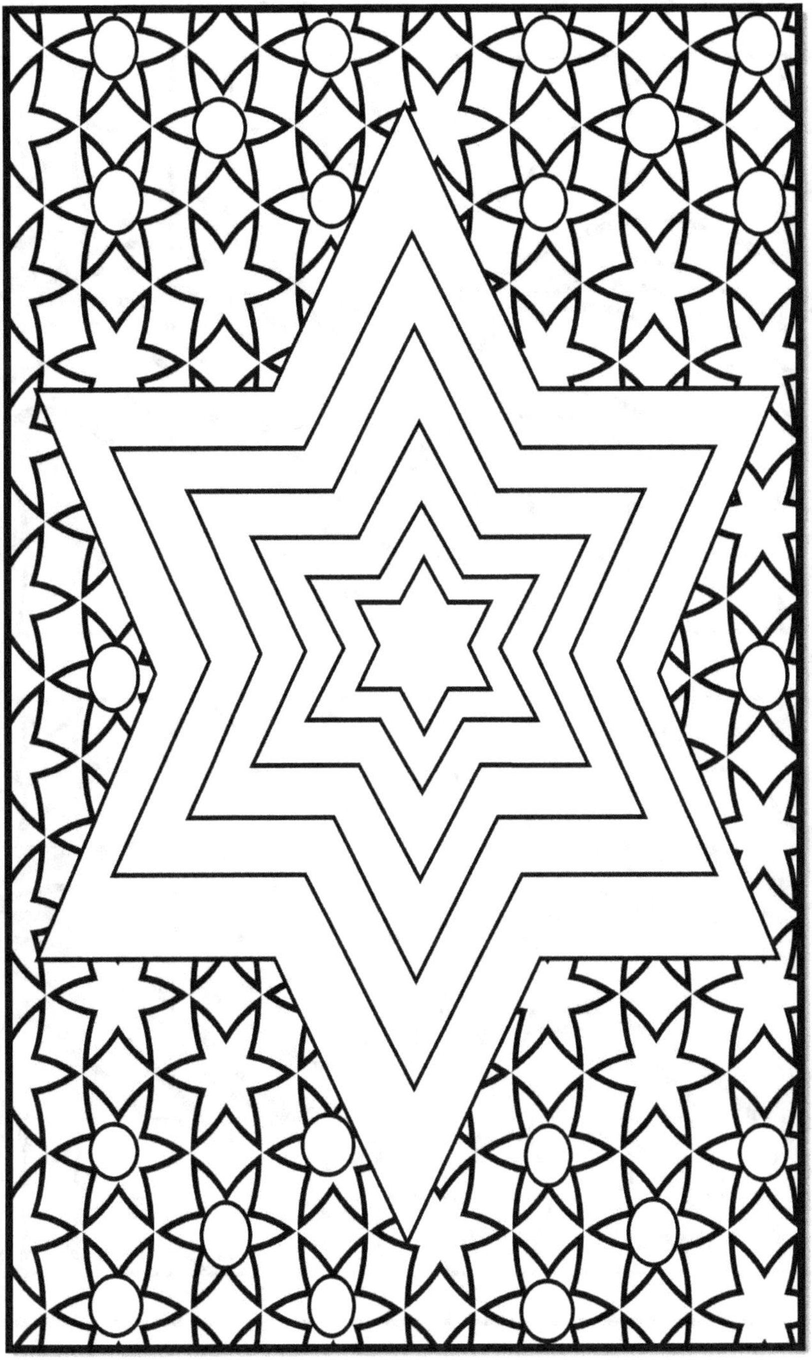

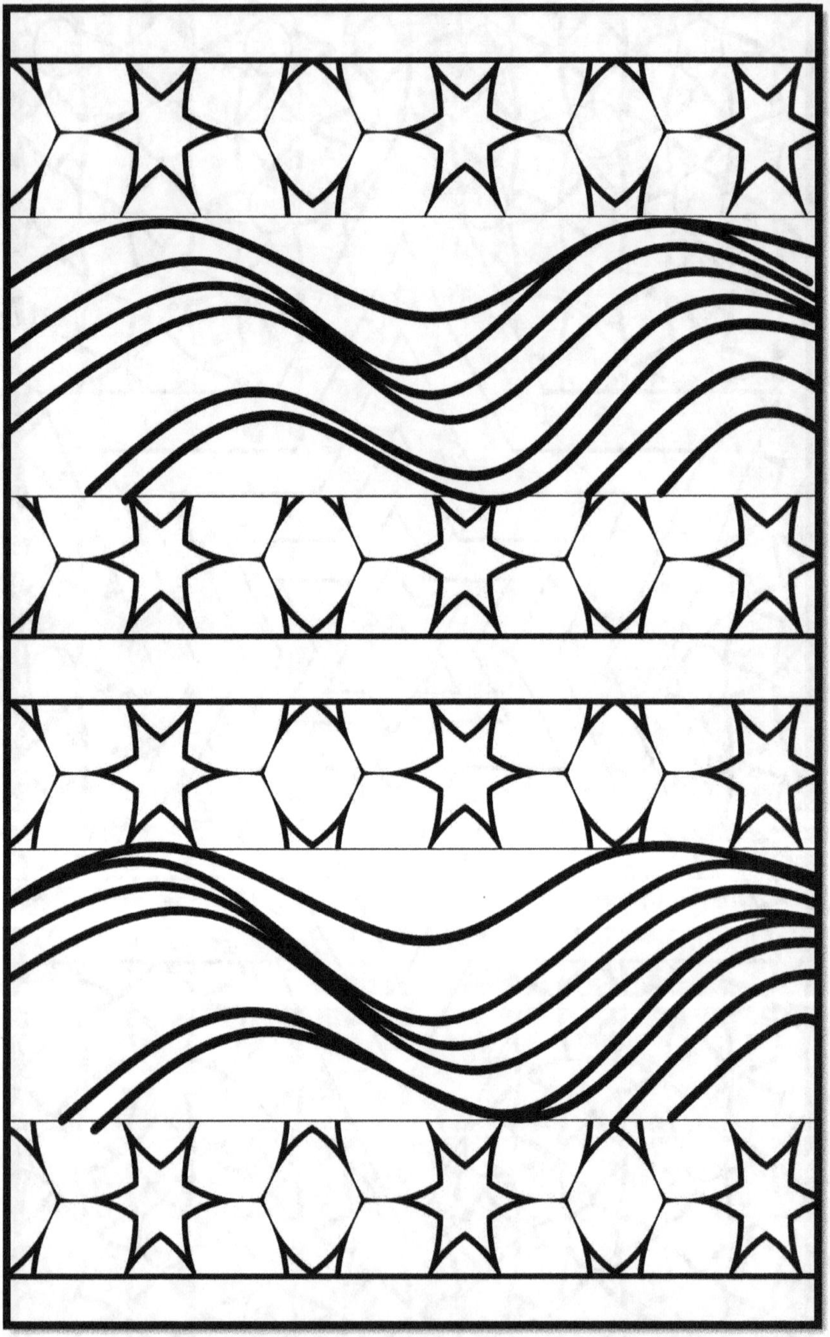

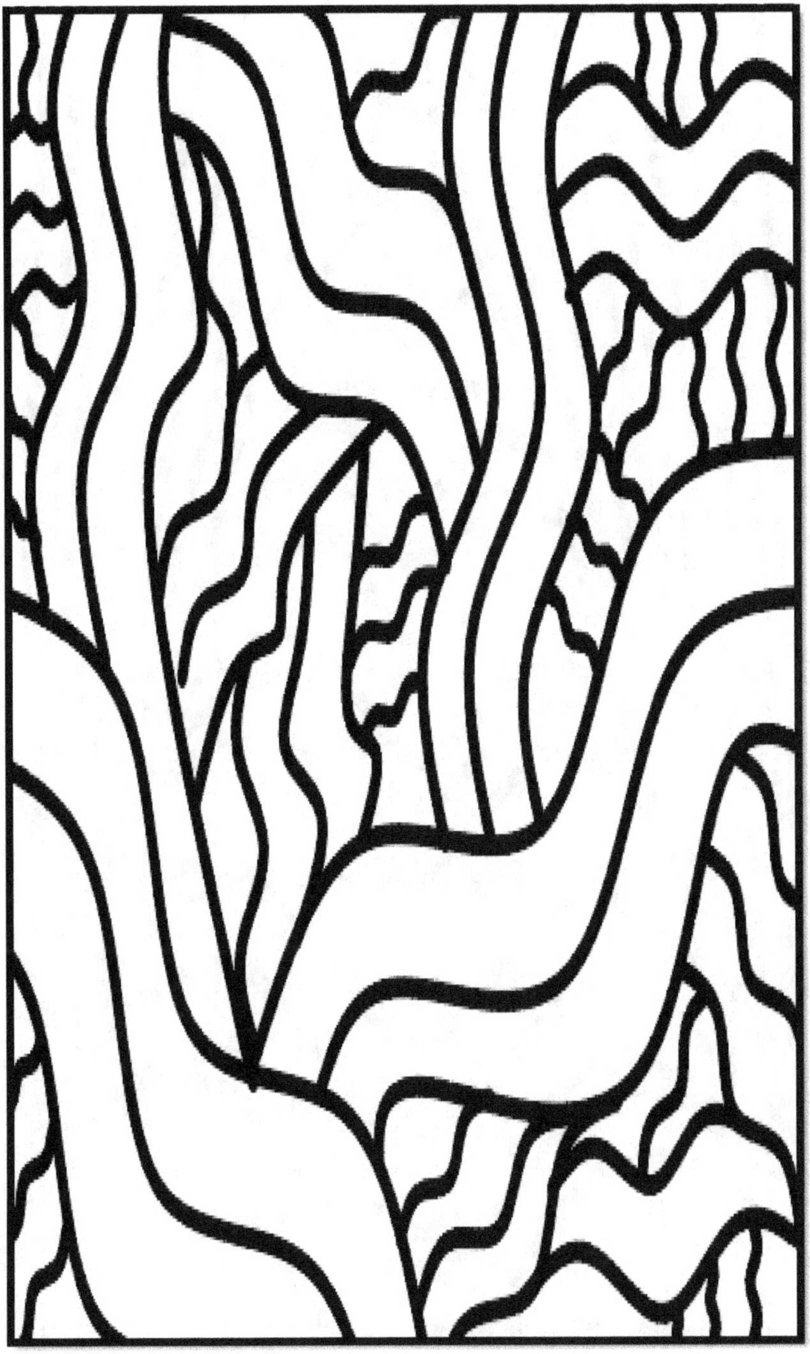

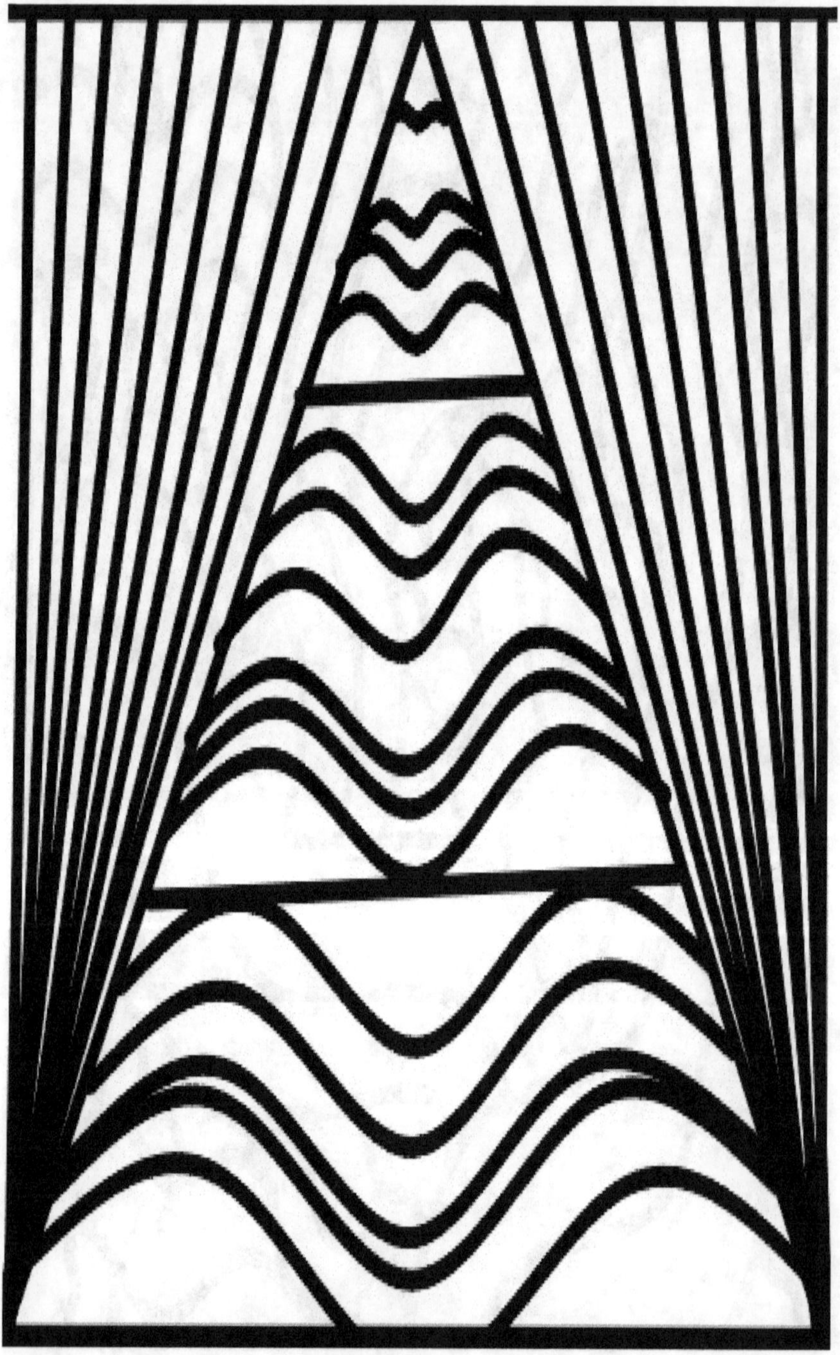

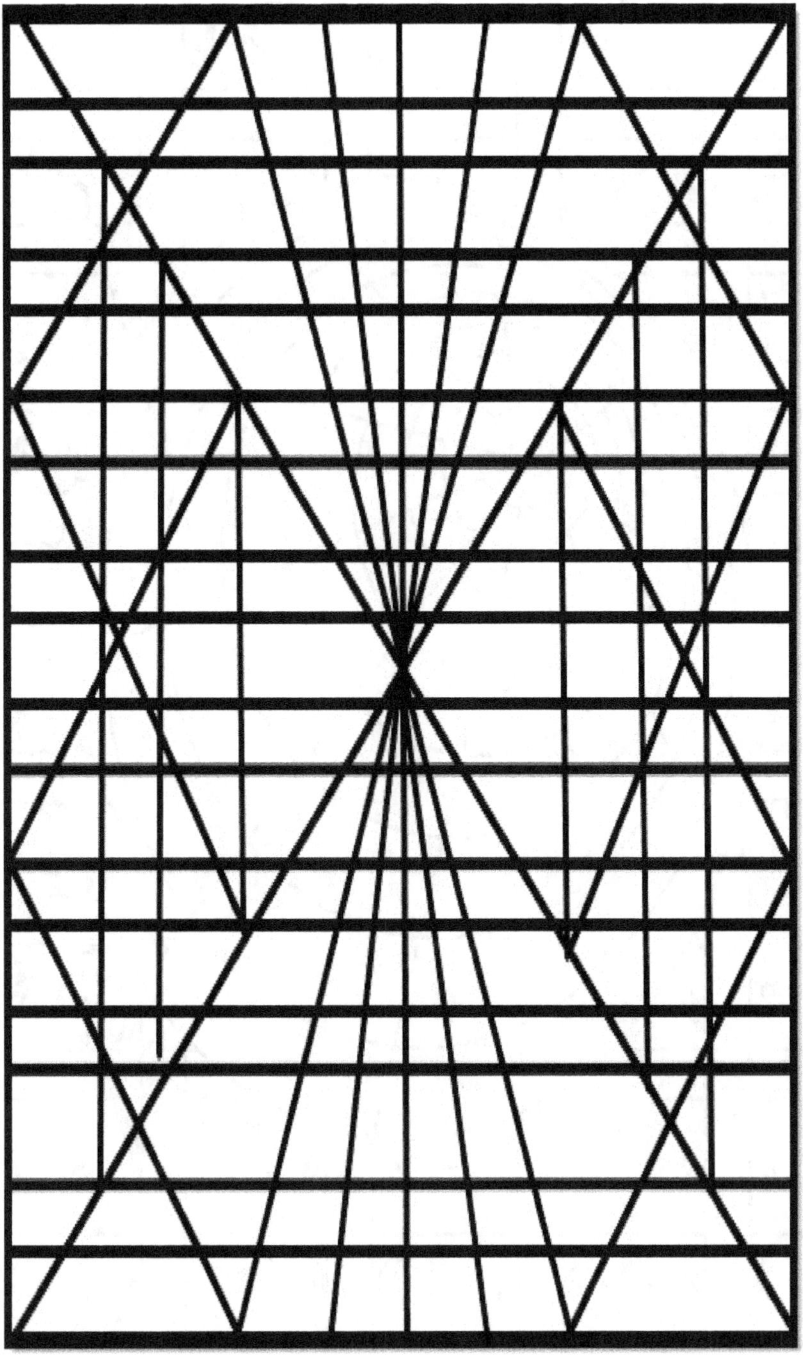

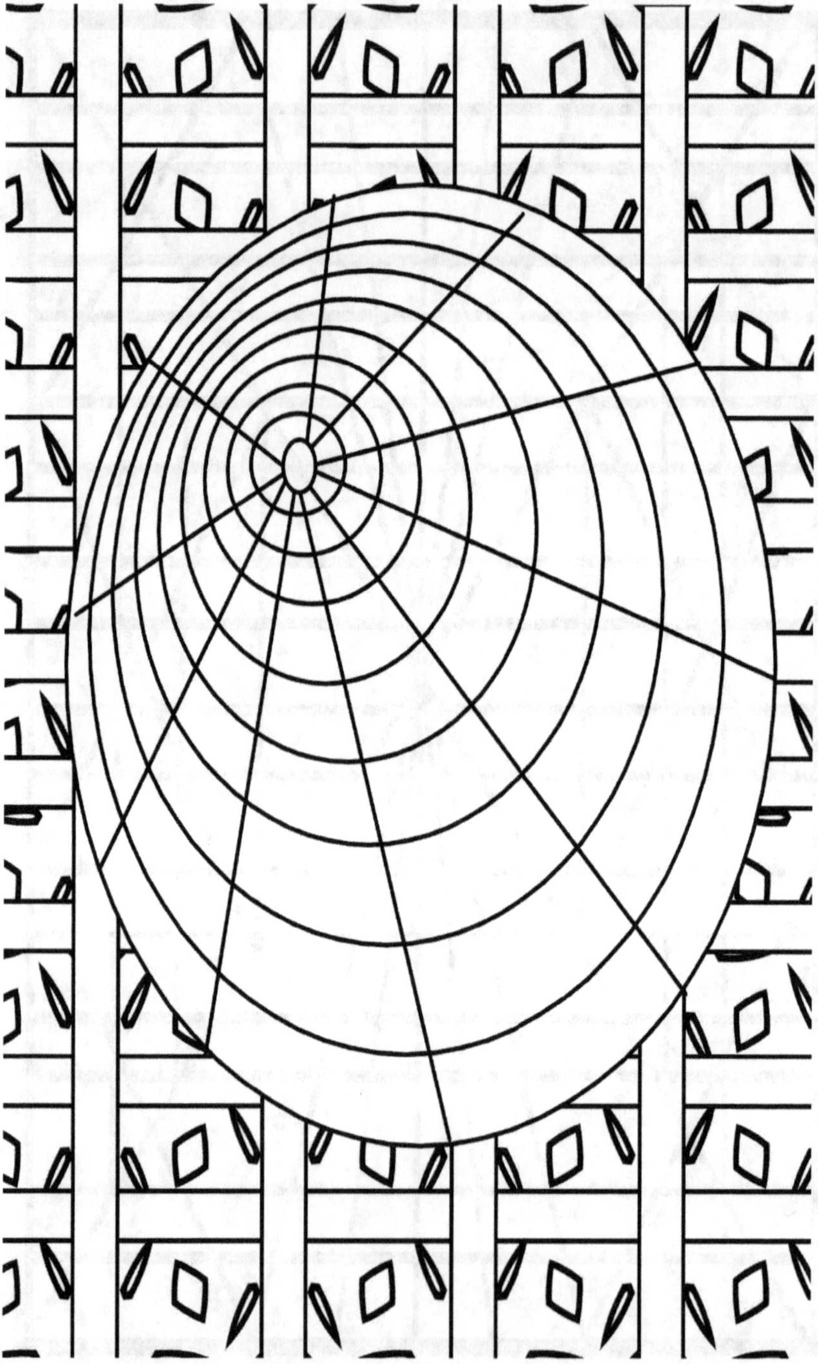

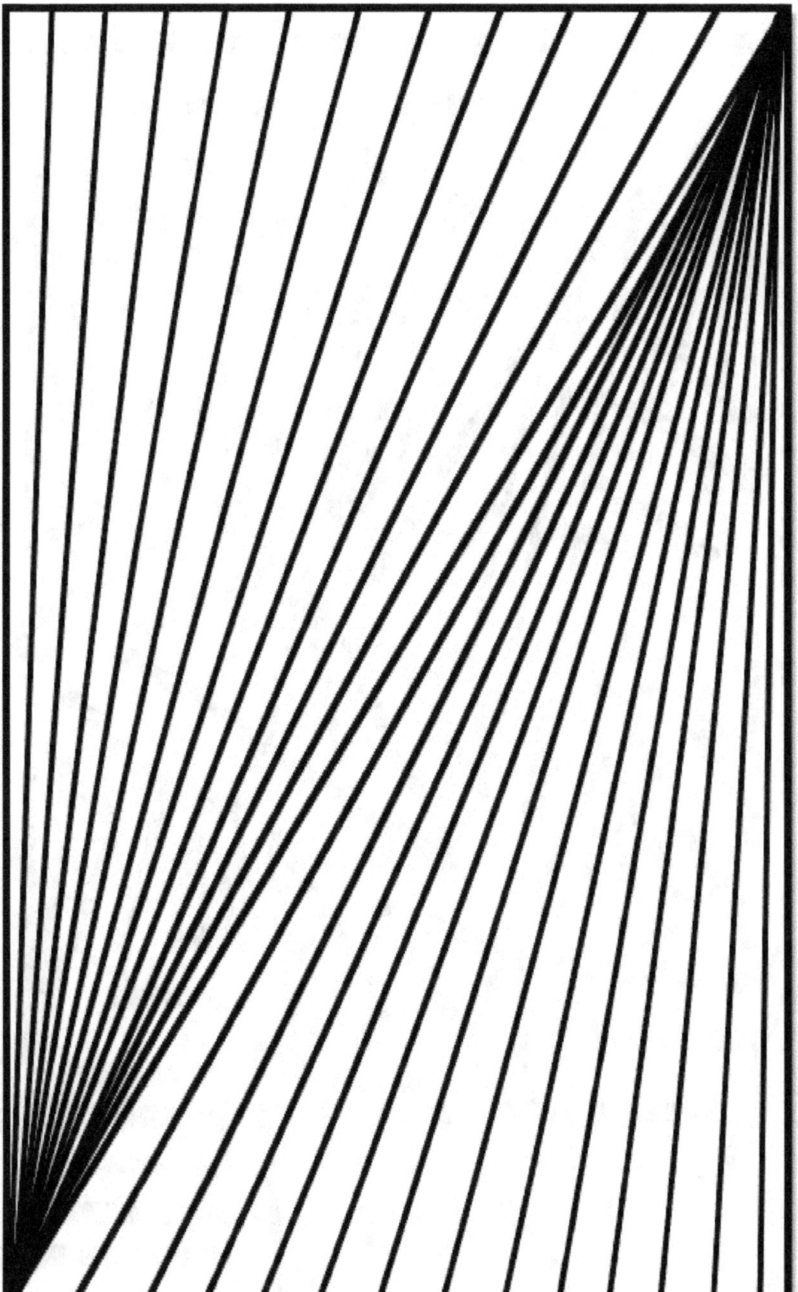

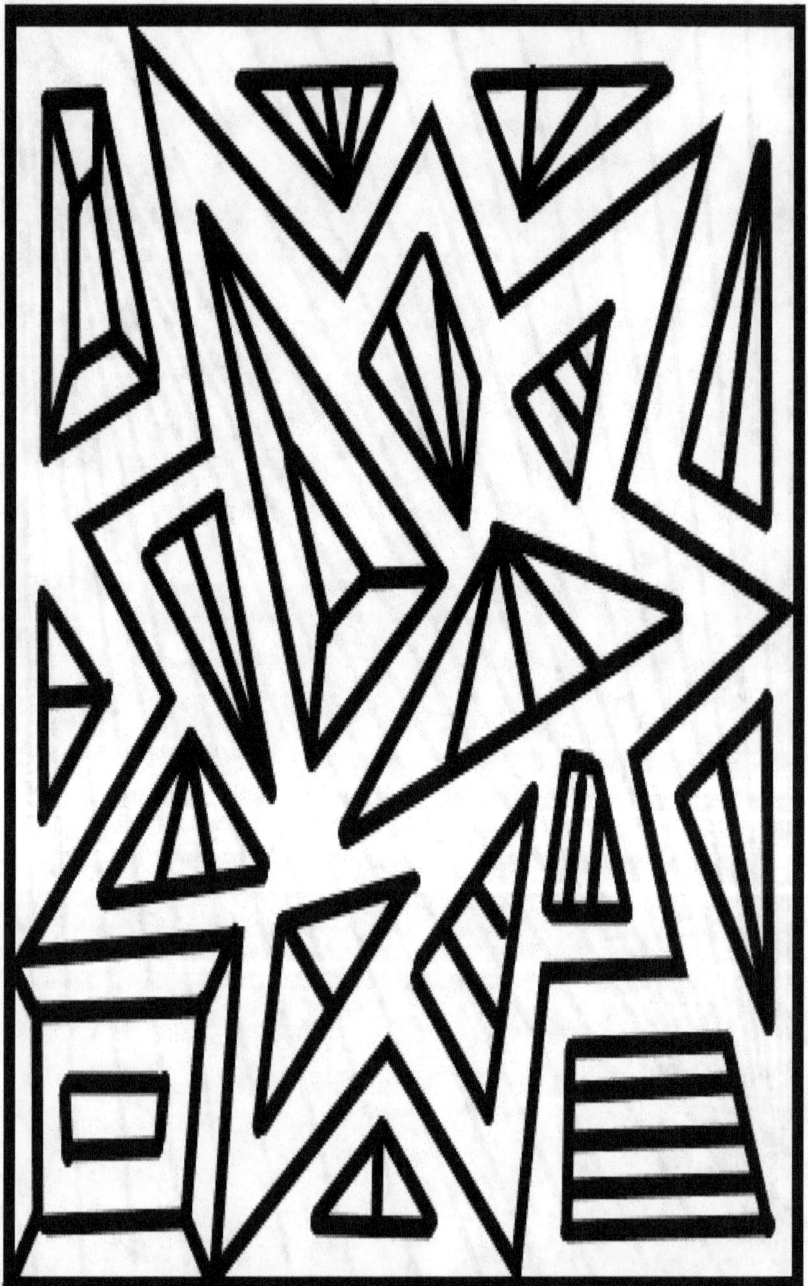

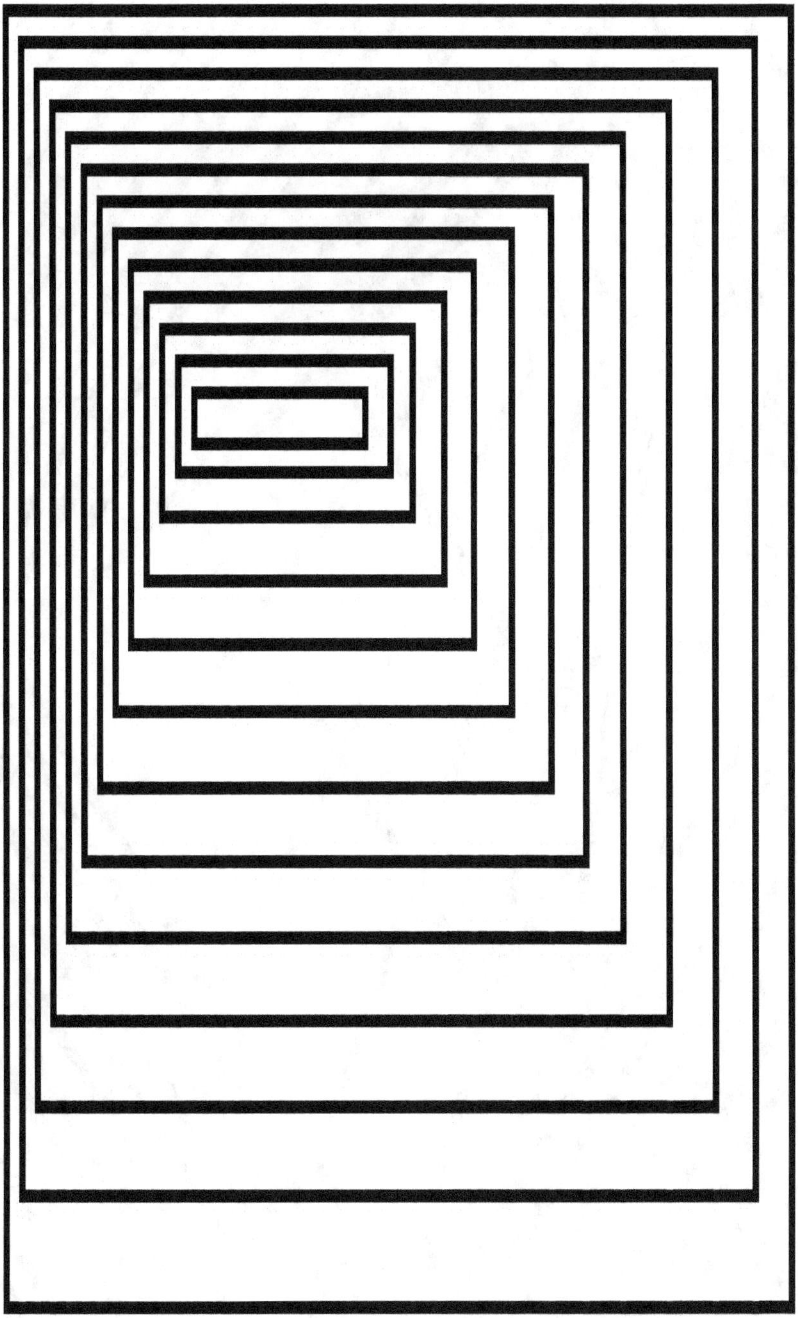

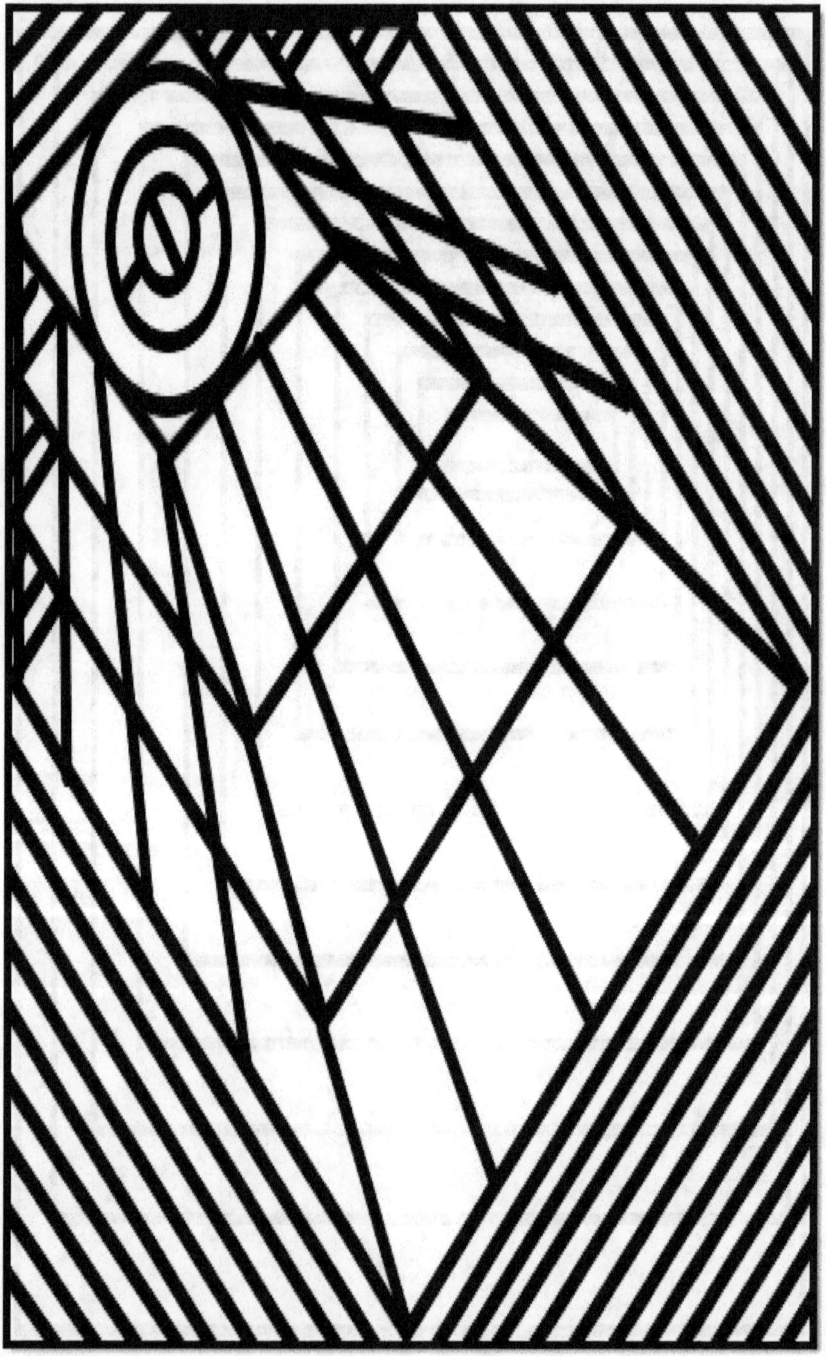

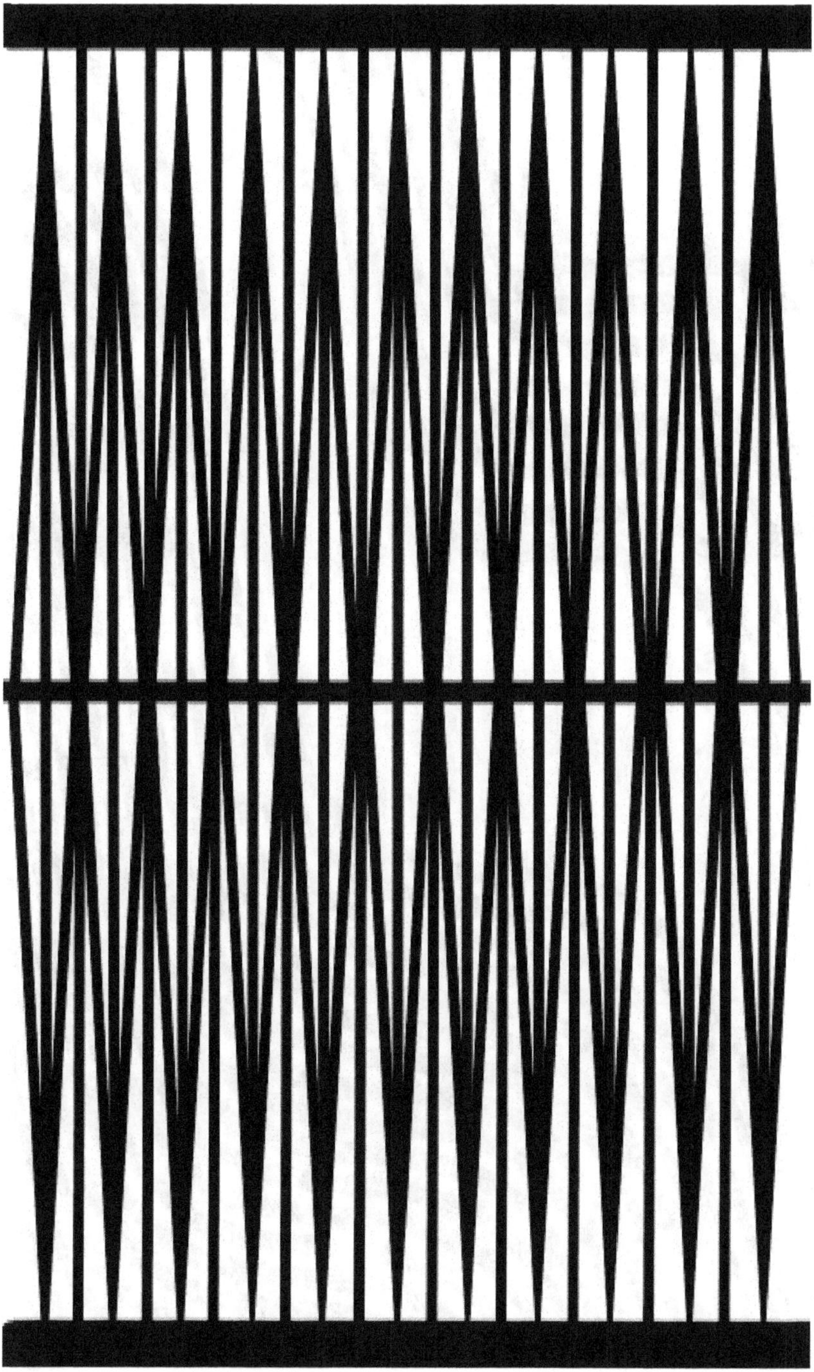

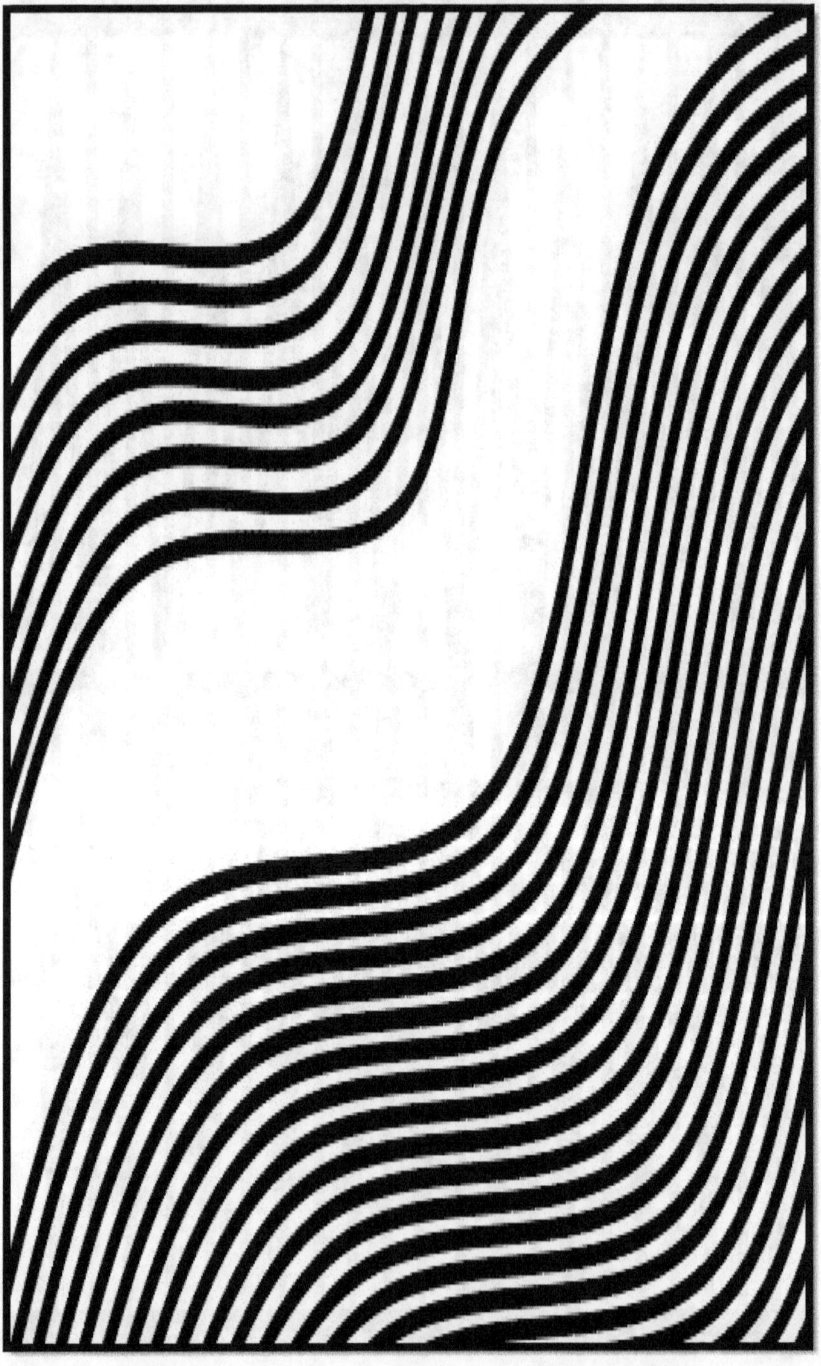

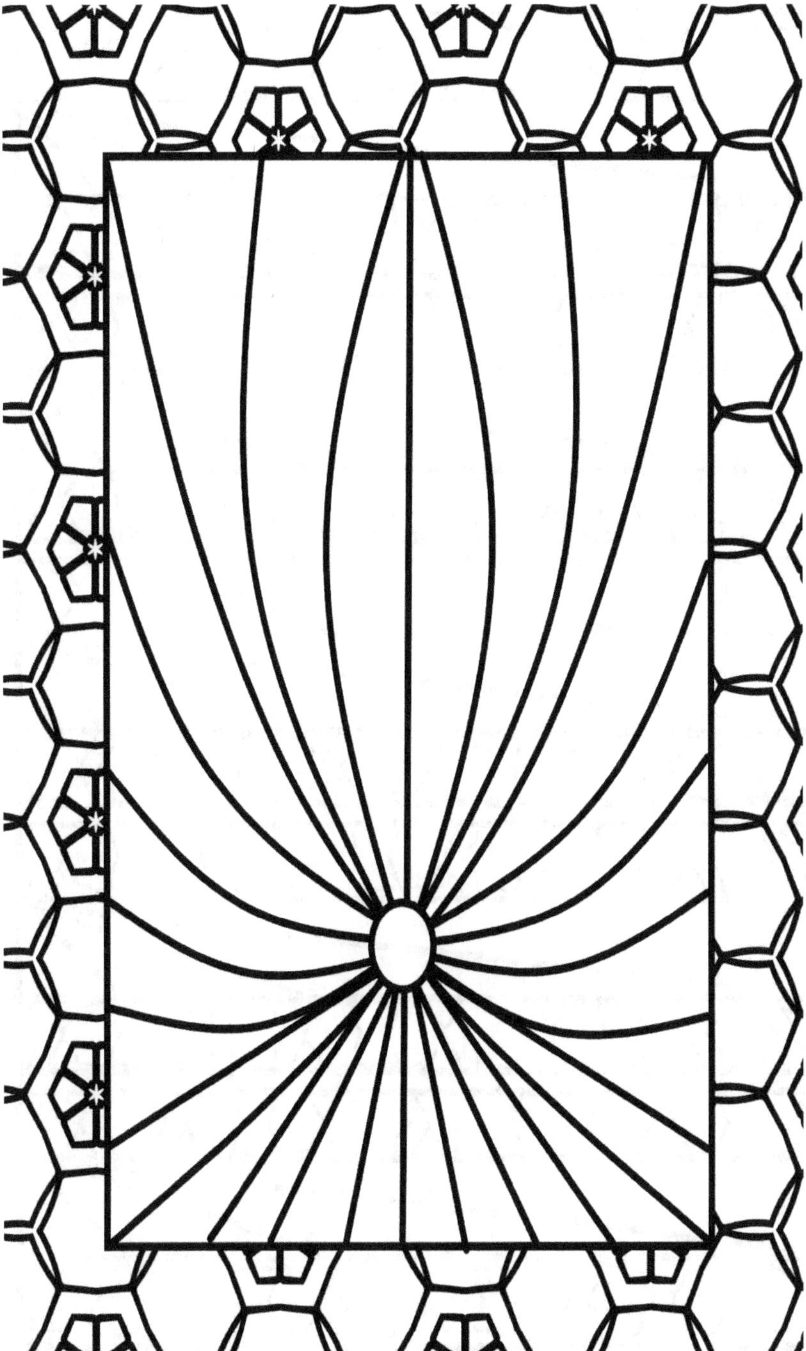

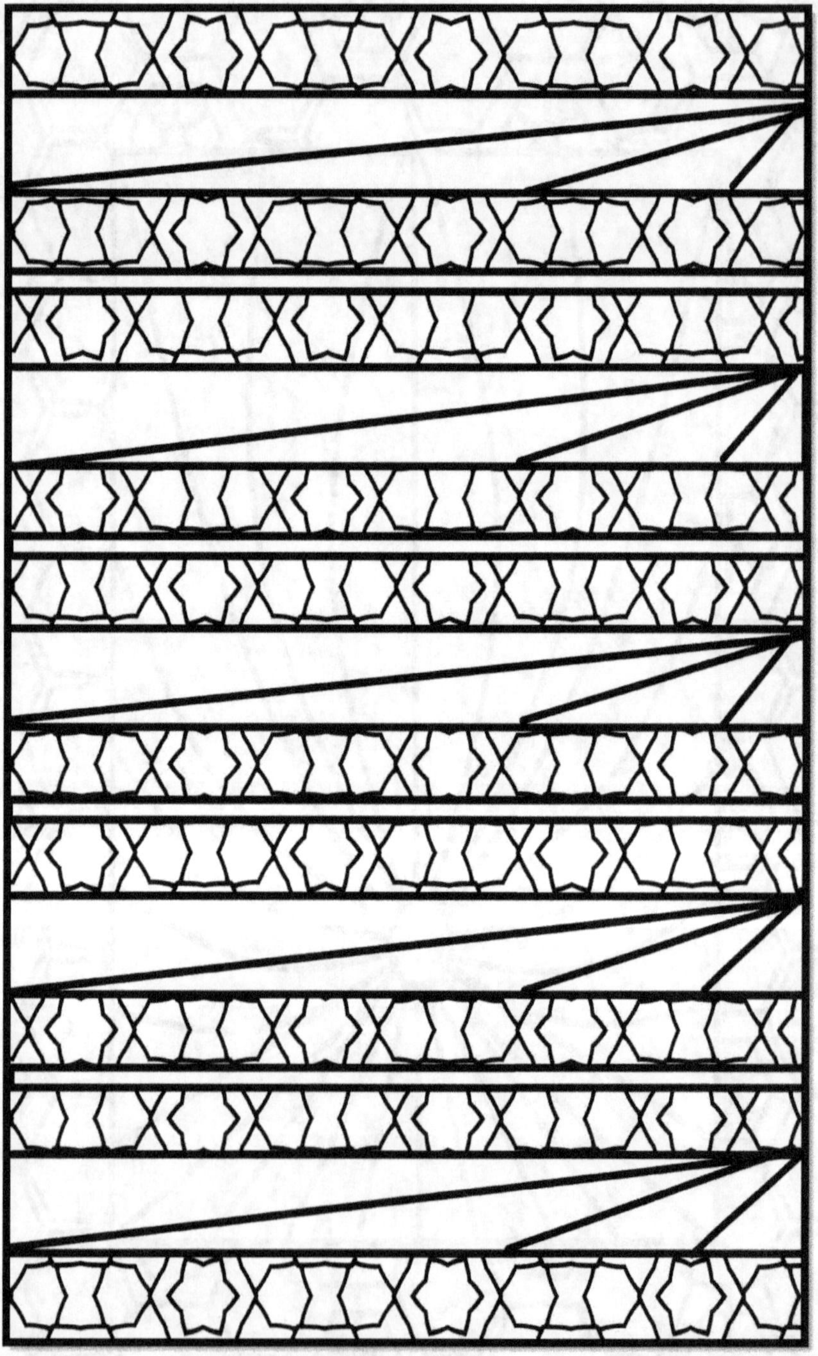

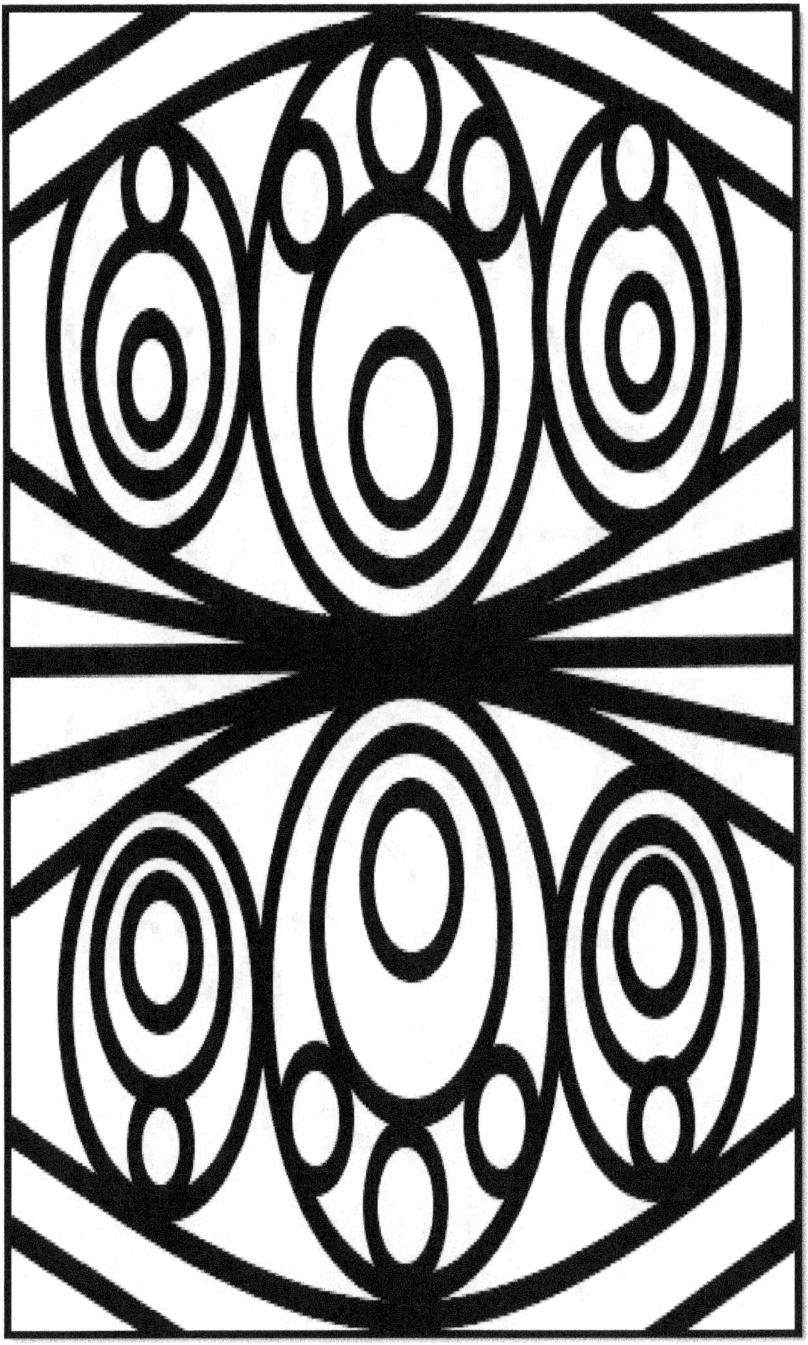

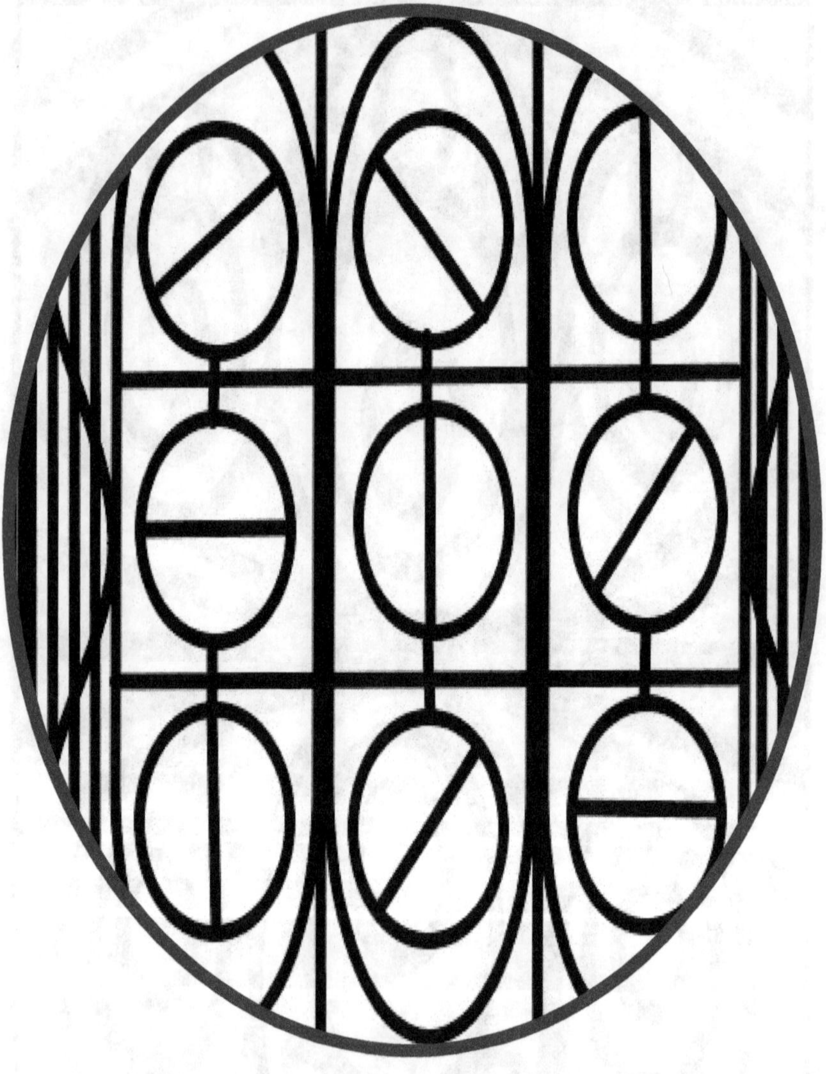

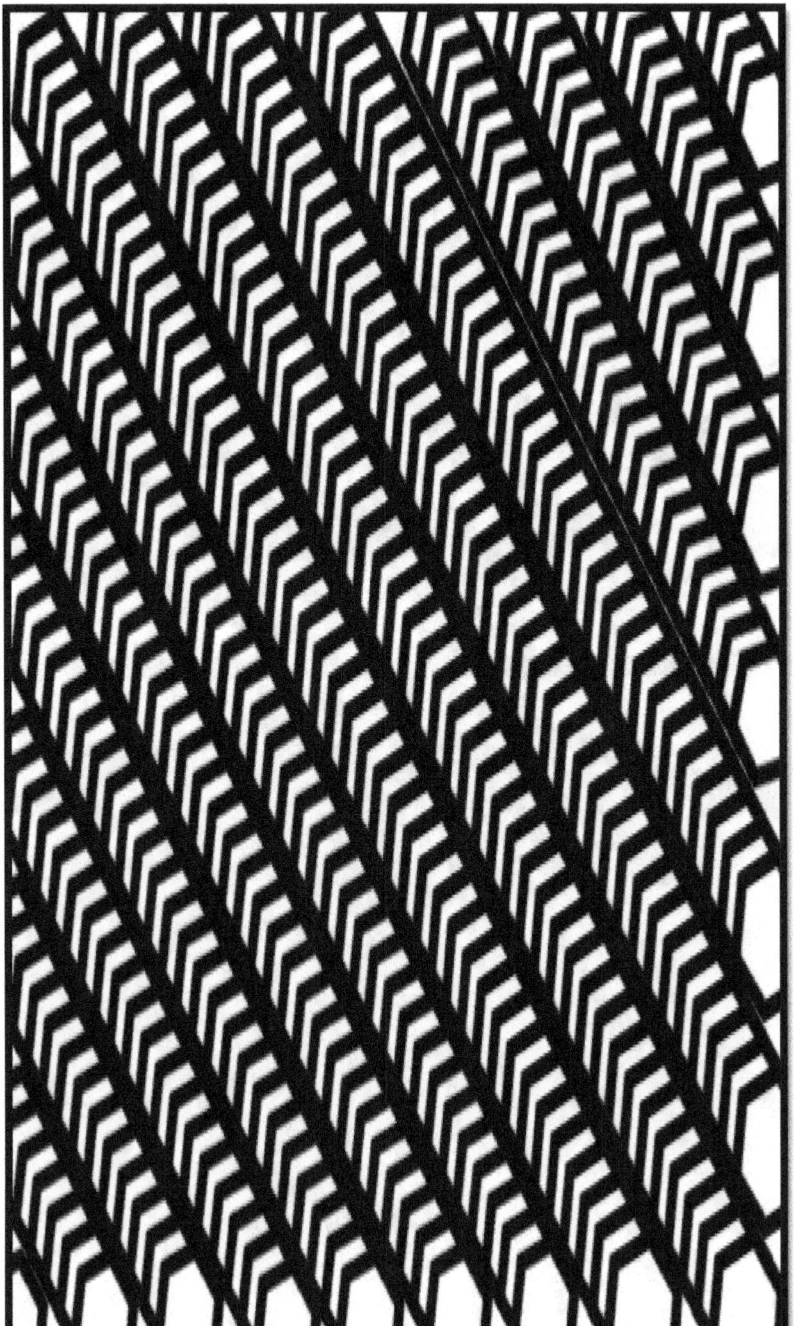

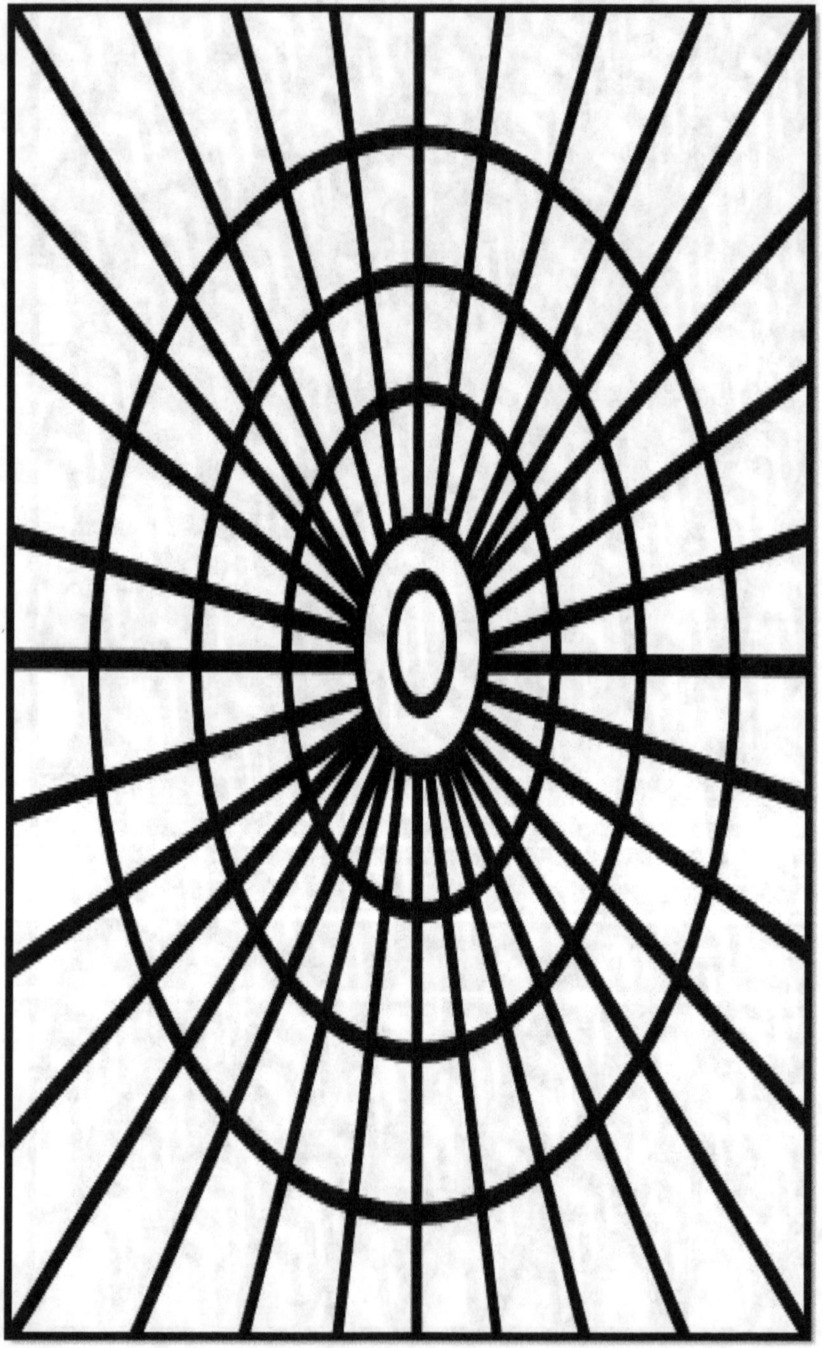

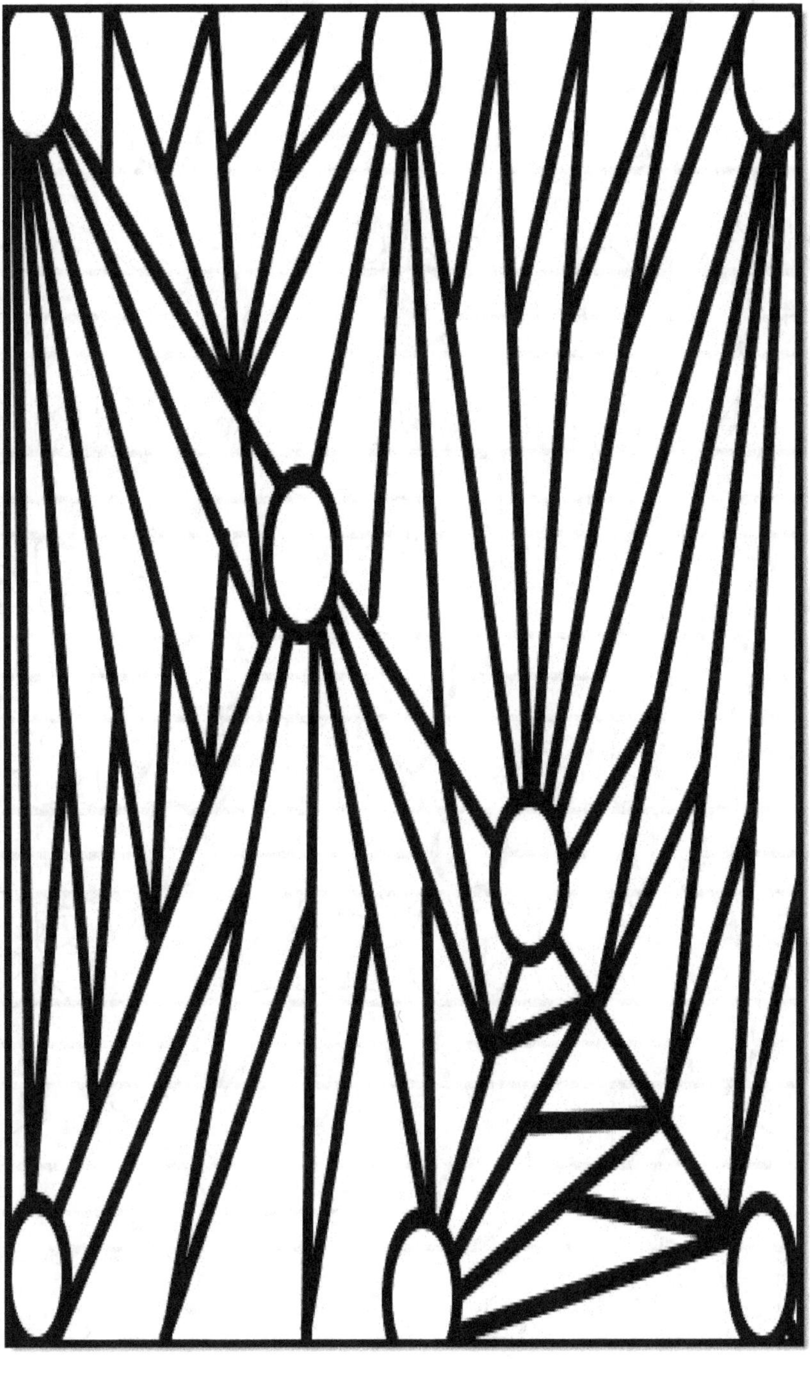

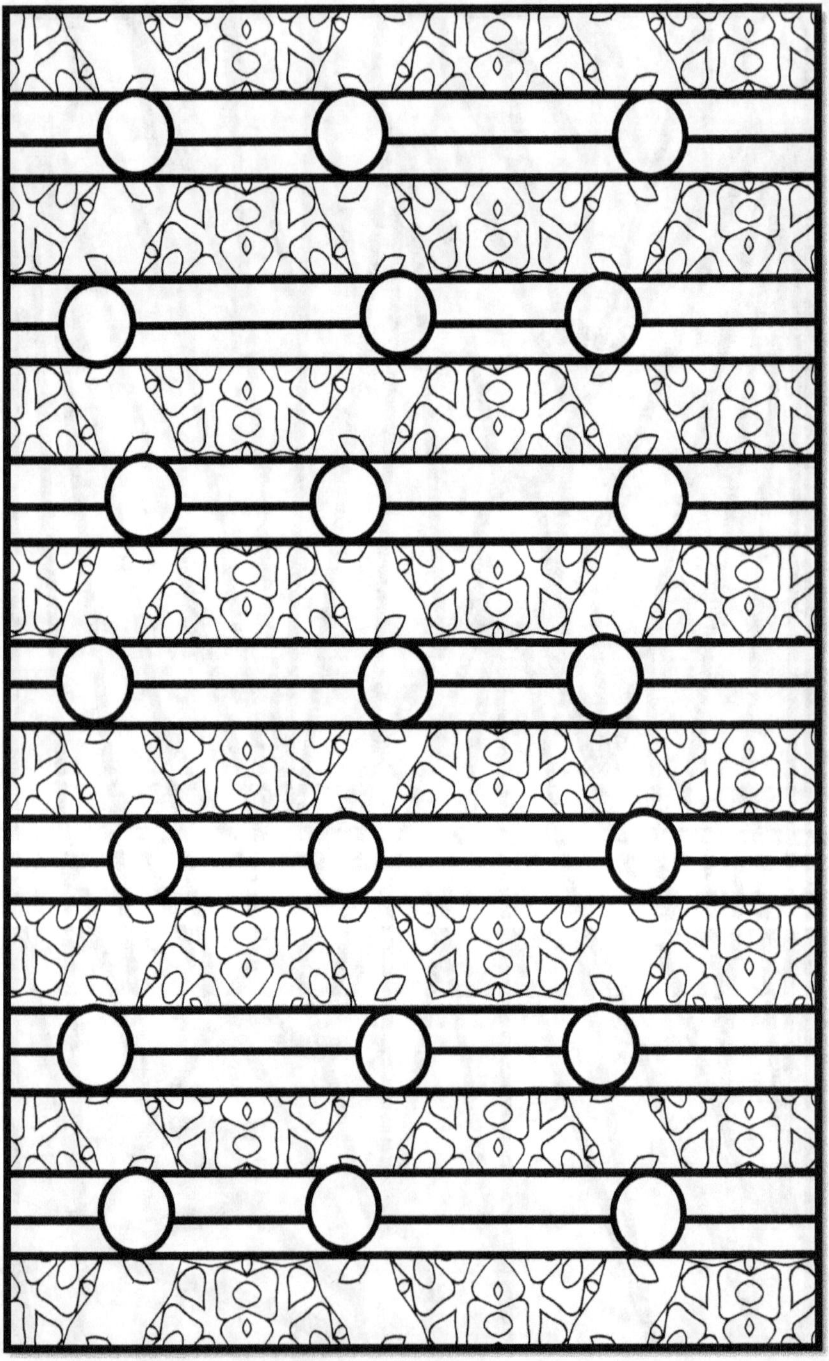

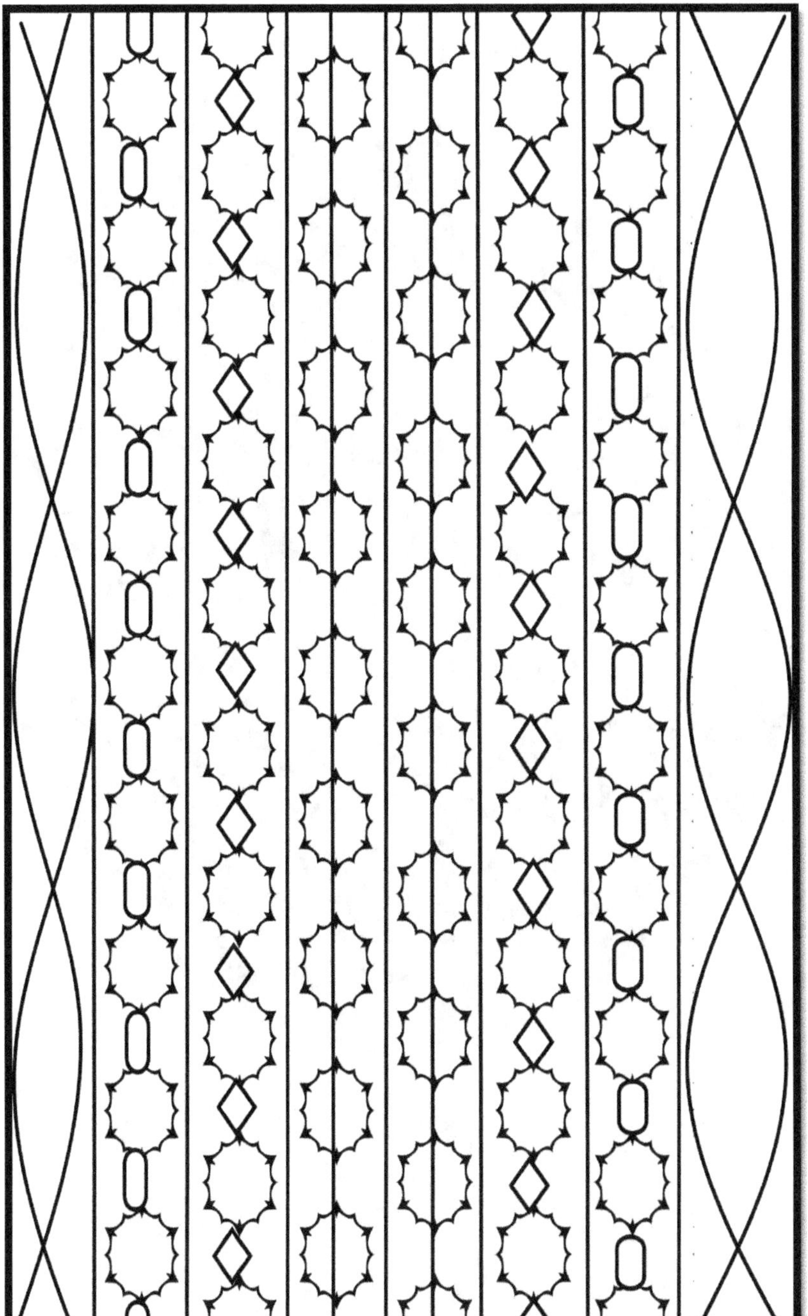

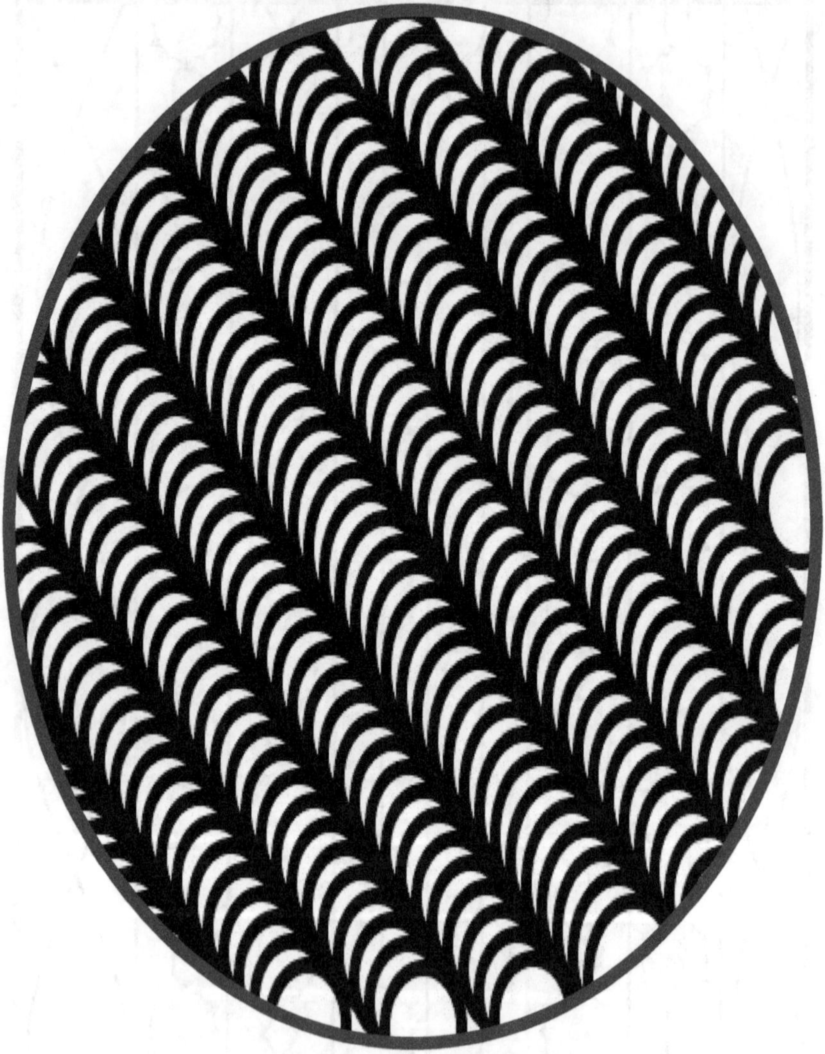

www.ingramcontent.com/pod-product-compliance
Lightning Source LLC
Chambersburg PA
CBHW050306220526
45465CB00002B/842
* 9 7 9 8 6 7 2 0 7 1 9 7 8 *